FANG YU YUAN

方 与 圆

宋犀堃 编著

成都地图出版社

图书在版编目(CIP)数据

方与圆 / 宋犀堃编著. -- 成都：成都地图出版社有限公司，2019.4(2020.9重印)

ISBN 978-7-5557-1159-9

Ⅰ.①方… Ⅱ.①宋… Ⅲ.①人际关系学－通俗读物 Ⅳ.①C912.11-49

中国版本图书馆 CIP 数据核字(2019)第 066052 号

方与圆
FANG YU YNAN

编　　著：宋犀堃
责任编辑：游世龙
封面设计：松　雪
出版发行：成都地图出版社有限公司
地　　址：成都市龙泉驿区建设路 2 号
邮政编码：610100
电　　话：028-84884648　028-84884826(营销部)
传　　真：028-84884820
印　　刷：三河市众誉天成印务有限公司
开　　本：880mm×1270mm　1/32
印　　张：6
字　　数：136 千字
版　　次：2019 年 4 月第 1 版
印　　次：2020 年 9 月第 10 次印刷
定　　价：35.00 元
书　　号：ISBN 978-7-5557-1159-9

版权所有，翻版必究
如发现印装质量问题，请与承印厂联系退换

前 言

方和圆是对应概念，应和阴阳对应之理，也符合辩证之法。在动与静的辩证关系中，方为动，圆为静；在整分结合中，方为分，圆为整；在处事风格中，方为原则性，圆为灵活性。可以说，在"方""圆"这简单的两个字之中，蕴藏着中华民族最为丰富的人生哲学。

"方"是说做人就要遵守规矩、遵循法则。做官要奉公清廉，为商要诚信守法，做人要光明磊落……总而言之，就是指一个人做人做事有自己的主张和原则，不被外界所左右。

"圆"绝对不是圆滑世故，更不是平庸无能，而是一种宽厚、通融，是温润如玉，是大智若愚，是与人为善，是心智的高度健全和成熟。不因洞察别人的弱点而咄咄逼人，不因比别人高明而盛气凌人，坚持自己的主张而不给人以压迫感和畏惧感，潜移默化而非强加于人。

一个人如果过分方方正正，有棱有角，可能会碰得头破血流；但是一个人如果八面玲珑，圆滑透顶，总是想让别人吃亏，自己占便宜，可能落得个众叛亲离的下场。因此，做人必须方外有圆，圆中有方，外圆内方。

正如我们日常生活中常说的那样，"没有规矩不成方圆""有所为有所不为"，说的就是做人要有自己的原则，但又不可墨守成规，拘泥于形式，要有圆融处世、适应社会潮流的韧性。否则，为人没有方，则会被视作软弱可欺；做事不懂圆，则会处处树敌。但倘若太过方正或太过圆滑，又会寸步难行。正如人走路，直走不行，就可以想办法绕过去。假若非要正路直行，那结果只能是撞在南墙上了。因此，在为人处世的过程中，要方圆有度，该方时方，该圆时圆，才能做到圆融通达，才能在社会生活中占有一席之地。

在生活当中明晰方圆之道、方圆交融、方圆并用、方圆互变的人生智慧，并知道何为做人之方，何为处世之圆，何时运圆以守方，何时持方以融圆。然后，对方正立身、圆融做人、圆中有方、方中有圆的为人处世技巧予以把握，将对你的日常生活有很强的指导意义。如果用一句最简单的话概括方圆人生的意义，那就是：做人要有底线，做事要会变通。因为，做人知方圆，天地任你行；做事善方圆，天下无难事。

本书理论联系实际，全面、系统地阐释了方与圆的智慧及其巧妙运用；由浅入深地完整展现方与圆哲学的经典；以事例为佐证，说明如何恰当地应用方圆哲学和方圆智慧，教你圆通为人、圆融处世的技巧和学问。正确面对人生中的博弈和竞争，让你占尽先机，步步为营，早一步获得成功的先机。阅读本书，必能助你在人生旅途中进退自如，游刃有余。

2019 年 1 月

目 录
CONTENTS

第一章　圆即宽厚，善良是人性里最美的部分

做人应相互尊重，与人为善　　002
让善良成为做人的信念　　004
人品远比才华重要　　006
帮助是相互的　　008
生命中应该充满爱心　　010
笑出你的善意　　012

第二章　圆即低调，柔弱亦可胜刚强

有所为有所不为是一种境界	016
满足他人的好胜心	019
做人应刚柔并施	022
学会退观全局	025
居功切勿自傲	027
要学会保全实力，以图后进	029
选择时机，糊涂一下	031
在失意者面前少说话	033

第三章 圆即通达,处世还是灵活点好

学会改变,撞了南墙及时回头	036
审时度势,识时务者为俊杰	038
通权达变,做人不要太固执	041
全面考虑,进时思退,退时思进	046
别太轻信,信誉越来越靠不住	049
隐藏一些,心事不可随便说	052
深思熟虑,多点戒心没坏处	055
别太单纯,有些话可听不可信	058

第四章　圆即圆融，能容人者容天下

为人处世以容人为上策	062
律己宜严，待人宜宽	064
用刀剑去攻打，不如用微笑去征服	066
你对待别人的态度，决定了他人对你的态度	068
用命令的口吻说话，只会加深别人的反感	070
因包容而避免冲突	073
把心放宽，学会克制	075

第五章　方即质朴，老实做人，本分做事

质朴做人，本分做事	078
简单如一张白纸	082
老实做人，规矩做事	085
低调做人，高调处世	089
脚踏实地，不务虚名看实质	094
伟大源于平凡	099
以真示人其心亦真	102
外曲还须内直	104

第六章 方即正直,光明磊落,坦荡做人

正直做人,聪明讲话	108
言必信,行必果	111
生与义的博弈	113
多琢磨事,少琢磨人	116
行为比言语更可靠	118
己所不欲,勿施于人	121
面对毁谤,坚持自己	125
做人坦荡,远离忧惧	128

第七章　方即刚强，活成自己喜欢的样子

做人需要当机立断　　　　　　　　　　　132
做人要学会说"不"　　　　　　　　　　136
做人要有恒心　　　　　　　　　　　　　139
不做好好先生　　　　　　　　　　　　　142
集中精力做好自己的事情　　　　　　　　145
用顽强的意志战胜人性弱点　　　　　　　147
敢于做别人不敢做的事　　　　　　　　　151
敢于接受挑战能进一步接近成功　　　　　153

第八章 方圆相济，做人做事都要刚刚好

方中有圆，圆中有方	158
言拙意隐，辞尽锋出	162
绵里藏针，柔中带刚	165
不战而屈人之兵	168
顺势而为成大业	171
不争无谓之争	174
不将赌注押在一个人身上	177

第一章

圆即宽厚,善良是人性里最美的部分

做人应相互尊重，与人为善

　　林肯住在印第安纳州鸽湾谷的时候，年纪轻轻，喜欢点评是非，还经常写信和作诗嘲讽别人。

　　1842年秋，他又在报上写了一封匿名信嘲讽当时的一位自视清高的政客詹姆士·席尔斯。席尔斯狂怒不已，终于查出写信者是林肯，他立刻骑马找到林肯，下战书要求决斗。林肯并不喜欢决斗，但迫于情形，只好被迫迎战。他选择骑兵的腰刀作为武器，同时向一位西点军校毕业生学习剑术，准备到决斗那一天背水一战，幸好在最后时刻被人阻止了，否则很难想象"两虎相争，必有一伤"会造成怎样的局面。

　　这是林肯一生中最深刻的一个教训，从那以后，他学会了与人相处的艺术。他再也不写信骂人、随意嘲弄人或为某事而讽刺别人了。他真正体会到了一个自尊心受到伤害的人会有怎样可怕的举止。

　　南北战争的时候，林肯新任命的将军在战争中屡次惨败，使林肯相当失望。全国有一半以上的人都在咒骂那些没用的将军们，但林肯却一言不发。他喜欢引用一句话："不去评议别人，别人才不会评议你。"

　　当林肯太太和其他人对南方人士做出批评的时候，林肯却总是回答说："不要批评他们，假如我处在那样的情况下，也会跟他们一样的。"

任何时候都照顾到别人的自尊心，这就是林肯与人相处的艺术，也是他的成就大业之道。

　　富兰克林有一种习惯，在他发表自己的意见时，用一种相对模糊灵活的言辞，以至40年之中，没有一个人觉得他说话武断。

　　自尊心是每个人都拥有的，不管是一国领袖，还是沿街乞讨的流浪者。但是，在待人处事方面，我们往往过度地强调了自己的自尊心，而置别人的自尊心于不顾。

　　许多人看别人不顺眼就想指责，别人一有失误就抓住"把柄"加以"发挥"，仿佛这样才能使自己心情愉悦，但谁又能去想到那些自尊心被深深伤害了的人的感受呢？

　　人们往往只喜欢玫瑰花而不喜欢玫瑰的刺。指责像根刺，稍不留意就会把别人的自尊心刺伤，批评也常常收不到预期的效果，相反会引起对方的不满情绪和反抗心理。更危险的是，指责还会严重伤害一个人的自尊心。所以，我们应尝试着体会别人的心情，采用心平气和的方式开导他们，这样会更容易让人接受。

　　那些伟大的人物或领袖们之所以能名扬海内外，得到众多人的尊重和认可，是由于他们尊重别人，他们向来不说太过自大的话。正是这种愿意和普通人交往，而不是在他们中间显得高高在上的品质，才使他们取得了真正的成功。

让善良成为做人的信念

在佛罗伦萨市的一座公共建筑物的台阶上，有一位年迈的士兵正坐在那里拉小提琴，他身已残疾。在他的身边，站着一条忠诚的狗，它用嘴衔着这个老兵的帽子。路过的人不时地向帽子里放上一枚硬币。这时，有一位绅士从旁边经过，他停下脚步，向老兵要来了小提琴。他先调了调音，接着就开始演奏起来。

路人不由自主地被这个景象吸引了：在这样一个简陋的地方，一位衣着体面的绅士正在拉小提琴，这真是两个没有任何关系的人！人们纷纷驻足。音乐是那么美妙，路人们都不由自主地陶醉其中，帽子里的钱也越来越多了。绅士让老兵拿走帽子里的钱，但很快帽子又被塞满了。这位演奏者又演奏了《祖国的天空》系列曲中的一首，然后将小提琴归还给它的主人，随即很快就消失在人群中。

其中，一个围观者叫了起来："这个人就是闻名于世界的小提琴家阿玛德·布切。他出于善心做了这件好事，我们也向他学习吧！"于是，帽子在一个又一个人的手中传递着，马上又收集到了一大笔钱，这笔钱全部给了这个老兵。布切先生的善心使老兵一直沉浸在温暖之中。

比耶稣早诞生300年的一位雅典诗人曾经热情地歌颂过良心。"在我们自己的心胸里，"他说，"我们有一个上帝——我们的良心。"接着，他又说道："我们不仅仅是为了生活过得幸福知足，不仅仅只是为自己而活下去。不管什么时候，你做了圣洁的事情，你都会兴致勃勃，丰富的内心世界是人们渴望的伟大事物。"

正是由于每个人有良心，所以，爱才会在世界上流传。正是因为良心没有泯灭，所以，人类的生活中才能处处充满令人感动的真情。

一个人有了良心，才会活得心安理得，才能感受到灵魂的宁静和快乐；一个人有了良心，才会得到他人的尊重和认可，才能在与他人的双赢合作中迈向灿烂成功的人生。良心是做人之本、成功之基。

人品远比才华重要

人品不是一切,但毫无疑问,人品是人的立身之本,对事业兴衰、人生成败影响颇大。 一个人品欠佳的人,无论如何也不会有高风亮节,更别提名垂史册了。

美国当代著名投资家索罗斯极为重视人品的高低,认为上等的人品比出众的才华更重要。他喜欢诚实的人,对那些自私毫无诚信的人,尽管他们才华过人,也会请他们走人。正如他的朋友沙卡洛夫说:"他(索罗斯)是我所见过的最诚实的人,他根本不能忍受说谎。"这一评价是非常客观的。索罗斯始终坚信,许多投机商,包括一些很成功的投机商,并非很严肃地对待自己的事业,他们所做的只是投机,一味地投机。

索罗斯说:"对那些才气纵横的赚钱高手,如果我不信任他们,觉得这些人的人品不可靠,我就绝不希望他们当我的合伙人。"

一次,垃圾债券大王麦克·米尔遭起诉后,他的业务出现真空,索罗斯很渴望进入这一黄金领域。为此他约谈了多位曾在米尔手下共事过的人,希望请他们做合伙人。但是,索罗斯发现这些人忽视道德,最后只能放弃他们。他觉得有这些人参与他的团队他会很不自在,尽管这些人积极进取又聪明能干,同时也很有投资天分。

索罗斯的团队里曾经有一个人私自在一处债券上投资了100万美元，最终虽然投资赢了利，但索罗斯认为，此人对自己的行为丝毫不负责任。于是他解雇了这个人品欠佳的合伙人。他相信，投资作风完全不同的人在他的团队里可以大展拳脚，但人品绝对要可靠。

为何索罗斯如此看重合伙人的人品？因为金融投资需要承担巨大的风险，而不道德的人不愿意也无法承担风险。这样的人不适宜从事高风险的投资事业。他说："冒险是很辛苦的事，不是你自己愿意承担风险，就是你设法把风险转嫁到别人身上。任何从事冒险业务却不能面对后果的人，都不是好手。"

品行有污点，不仅害人，也会使自己丧失很多宝贵的机会。

管理学上有一种"中庸"理论，即任何一个想要平稳发展的企业，用人要划分出三个档次，第一是德才兼备，第二是德高才中，第三才是德才中等，唯独不可用的是有才无德的人，因为这样的人危险性极大。

典型的例子是《三国演义》中的吕布，他骁勇善战，英勇无敌，但品格令人不敢恭维，先认丁原做义父然后杀丁原，后认董卓做义父又杀董卓，最后的下场是被曹操抓起来，然而曹操再也不敢用他，只得把他杀掉。

帮助是相互的

有人曾和上帝讨论天堂与地狱的问题。上帝和这个人讲:"来吧,我让你看看什么是地狱。"他们走到一个一群人围着一大锅肉汤的房子。每个人看来都营养不足、绝望而又饥饿。每个人都拿着一个可以够到锅的汤匙,但汤匙的柄比他们的胳膊长,无法把东西送进嘴里,他们看起来非常痛苦。

"来吧!我再让你看看什么是天堂。"上帝讲道。他们走进另一个房间,这里和第一个没什么两样:一锅汤、一群人、一样的长柄汤匙。但每个人都很开心,吃得很快乐。因为他们互相用彼此的汤匙舀肉汤去喂对方。

由于自私,人们不肯帮助他人,不肯为别人而牺牲自己的一丁点利益,结果却是损人不利己,自己失去得更多。 实际上,帮助别人就是帮助自己,为他人付出的同时,快乐和富裕就会进入你的心中,相反,假如困守在自设的真空中,不愿接受也不愿意付出,那就很有可能像地狱里的人们一样,看着食物饿死。

还有这样一则故事:

有一只蚂蚁正在外面闲逛,突然,一阵强风把它从地上卷了起来，吹到池塘里面去了，由于蚂蚁不会游泳，只好在水里奋力挣扎并大喊救命。

结果，一只鸽子恰好经过池塘，听到喊叫。

鸽子停下来，寻找声音来自何处。在水塘中挣扎的蚂蚁看到了鸽子，便拼命喊道："我在池塘里，快救命啊！"

鸽子看到池塘中要被淹死的蚂蚁，急忙叼了一片树叶丢到了池塘中。

快被淹没的蚂蚁用尽全身力气，好不容易才爬上了树叶，之后随着树叶慢慢地漂到池塘边，这才算是捡回一条命。蚂蚁十分感激地对鸽子讲道："谢谢你救了我，我一定不会忘记你！"

过了很久，一天蚂蚁正在外面寻觅食物，忽然看见森林里一位猎人正在用枪瞄准树上的一只小鸽子。它仔细一看，正是曾经救过自己的那只鸽子。

蚂蚁奋不顾身，迅速爬到猎人脚下，狠狠地咬了一口，猎人疼得大喊，手中正在瞄准鸽子的枪掉在了地上，这时鸽子听到声音，立刻飞走了。

这虽说是一个童话，但道理却值得沉思。无论何时、何地，只要你肯付出，就能得到回报。只要在别人需要帮助的时候能不假思索地伸出援助之手，就能在你陷入困难时得到别人的帮助。

生命中应该充满爱心

爱是人生最值得珍藏的东西。每个人都希望拥有爱,没有爱,人就没法生存。外国有一句名言说,爱是万能的。显然,拥有了爱,便能拥有所有,包括财富和成功。

爱是美好的,而最伟大的爱是无私的,在希望得到他人的爱的同时,也应该拥有一颗爱心,学会为他人付出爱。爱把宽容、温暖和幸福赐给了亲人、朋友、家庭、社会和人类。当我们为他人付出一点爱的时候,自己也会得到爱的满足,体会到真正的快乐,这份满足和快乐不会跟着时间的潮流而波动,而会在时间的酝酿中,越来越甜美、越来越醇厚。

一位诗人和女友出去散步,看到道边坐着一个乞讨的老妇人,很是可怜。于是女友便想给她点钱,诗人对女友讲:"她更需要的是给她的心灵送点东西,而不是一丁半点的施舍。"女友感到不解。

第二天,诗人外出散步时,手上拿了一朵玫瑰花。他走到老妇人面前,弯下身子,拱手把花送给了老妇人。老妇人站了起来,伸出双手,拥住诗人的手,激动得无以言表。接下来的日子,诗人和女友出去散步时,再没看见老妇人。最后,老妇人终于又回来了,和往常一样坐在那里乞讨。

女友问诗人道:"她前几天为何没来啊,她如何过日子啊?"诗人意味深长地答道:"玫瑰花。"

诗人送给老妇人的不只是玫瑰花啊,而是一颗热热的爱心,由于这颗爱心,让老妇人感到了人间的温暖,幸福度过了好几天,是诗人的爱,让她体会到生命更加充实。

笑出你的善意

正如罗曼·罗兰所说："面部表情是一种成功的艺术语言，它比我们每天嘴里讲得更复杂。"所以，在与人交流中，主动报以微笑，能迅速拉近彼此心与心的距离，获得他人的认可。

飞机起飞前，机上一位乘客需要服药，并要求提供一杯水。空姐很有礼貌地说："先生，为了您的安全，请稍等几分钟，待飞机安全起飞后，我会立刻把水给您送过来，好吗？"15分钟后，飞机早已进入平稳飞行状态。待客舱中的服务铃响起时，空姐猛然意识到：糟了，由于太忙，忘记给那位乘客倒水了。空姐来到客舱，不出所料，按响服务铃的正是那位乘客。她小心翼翼地把水送到那位乘客跟前，面带微笑地说："不好意思，这位先生，因为我工作上的疏忽，延误了您吃药的时间，我感到非常抱歉。"这位乘客抬起左手，指着手表说道："你是怎么搞的，你们就是这样为乘客服务的吗？"无论她怎么解释，这位乘客都对她置之不理。

在接下来的飞行途中，空姐为了弥补刚才的疏忽，每次去客舱为乘客服务时，空姐都会特意走到那位乘客面前，面带微笑地询问他是否需要帮助。但那位乘客摆出一副不屑的表情，并满脸怒气。

在快到目的地的前几分钟，那位乘客要求空姐把留言本给他送过去。很显然，他要投诉这名空姐。飞机安全降落，所有的乘客陆续离开后，空姐心里开始上下打鼓，认为自己完了。没想到，她打开留言本，却惊奇地发现，那位乘客在留言本上写下的并不是投诉，而是挥挥洒洒写满了表扬的话语："在整个过程中，你20余次迷人的微笑都显出了你深深的歉意，它们触动了我的心，使我最终决定将投诉信写成表扬信。你的服务质量很高，下次如果有机会，我还将乘坐你们这趟航班。"空姐在看完信后，眼里噙满了幸福的泪花。

我们要赢得他人的好感，就要以微笑示人，像故事中的那位空姐一样，用自己迷人的微笑来赢得他人的好感。微笑是一轮太阳，能温暖人们的心田，融化寒冷的冰雪。要带着真心、诚心、善心、爱心、关心、平常心、宽容心去微笑，别人便会聆听到你心底的那份心声，被你感动。微笑可以使你摆脱窘境，化解人们彼此的误会，还可以展现出人与人之间的宽容与豁达。

在现实生活中，微笑，可以温暖人的心灵。比如朋友、同事之间的吵架，家人、邻居之间的矛盾，恋人、兄弟之间的隔阂等，我们都可以用微笑去化解。所以，人际交往中，不管遇到什么困难，不管遇到多么尴尬的事情，都要展示我们的笑容，用微笑来显现你有一颗真诚的心。

俗话说"伸手不打笑脸人"。微笑能解决我们身边的矛盾和冲突，取得意想不到的效果。微笑是人与人之间最短的距离，即便有再远的地理位置或再大的文化差异，只要一个微笑就能拉近彼此的心灵距离。当别人取笑你时，用微笑还击他，笑他的无知；当别人对你愤怒时，用微笑融化他，笑他的幼稚；当彼此发生误解，争执不休时，展示你灿烂的笑容，你会发现，其实事情并没有你们想象的那么复杂和严重……

第二章

圆即低调,柔弱亦可胜刚强

有所为有所不为是一种境界

所谓"韬光养晦"策略,换而言之就是"有所为有所不为"。其关键不在于这种提法自身,而在于具体的"为"与"不为"的选择决策上。

越王勾践的韬光养晦手段可谓"前无古人,后无来者",其关键是让一切看起来自然合理,不做超常的事,接着在这个"为"与"不为"上费尽心机做足功夫,遂成其功。

不管在职场还是在商场,还是要学会韬晦。太急于显露自己的能力和实力,盼望尽快得到他人的承认和另眼相看,表现得急于求成是很不可取的。这样做不但会给人自高自大的印象,更关键的是会使你过早地成为竞争对手,假如你没有厚积薄发的基础,一旦成为强弩之末,那就只有遭人嗤之以鼻,被赶出场外。因此,别太拿自己当回事。

有这么一个事例:

王某以前有一个十分严厉的上司,只要下属有一点点小错误,就会被他骂个狗血喷头。

一次,这位上司终于要离开公司了,王某十分开心。新来的李经理很温和,所有的工作都不厌其烦地拿来与大家商讨。最初,王某十分庆幸来了一个这么"民主"的上司,可没过多久,新的苦恼就接踵而来。

先是大量工作毫无价值地重复返工。过去的经理尽管武断，可在他手下工作只要按他的吩咐用心做好便是，不用过分操心。而现在的李经理一遇到工作就立即先要"听听大家的意见"，而且几乎每个手下的观点都能影响他的决策，十分没主见，弄得大家经常加班，效率很低。其次是收入的直线下降。自从李经理上任后，因为部门业绩大不如前，部门的收入连连下滑，开始每月能够拿到3500元奖金的王某接连三个月没拿到过2000元了。最后是心理上的折磨也慢慢加重。随着时间的流逝，大家对李经理的能力纷纷表示怀疑，有些同事甚至在背地里多次跟王某说："论资质，论水平，论才干，他哪里比得上你？为何让这种人来当我们的领导！"

因此，在一次好友的聚会上，王某把自己内心的烦恼一股脑儿地倒了出来。朋友纷纷给他出了不少办法：有的说，跟他较劲，看看谁有能力；有的说，找上层领导反映，换掉他；还有的甚至提议，直接辞职，不伺候这种"低能儿"了。

最后，王某还是听从了父亲的见解。父亲说："无论你的上司怎样低能你都应该尽力辅佐他，在努力工作中寻找新的机遇。"因此，王某及时调整了心态。他时刻牢记，不要老盯着上司的缺点，要认真地认识自己的上司，他必然有过人的地方，要不为何能力平平的他却能得到眼前的位置呢？

从那以后，王某就尽自己最大的努力去帮助上司。原本李经理也早听说了他的能力，心里早已有所提防。

可是看到王某这么真心诚意地辅佐自己，不但渐渐消除了防备，而且从心底里对王某充满了感激和信赖。

在工作中，王某自然没有放弃寻找和创造新的时机。在不给上司制造压力的条件下，王某尽力抓住一切机遇表现自己的才华与能力。与不如自己的上司搞好关系，努力为他做好工作，就是为了韬光养晦，蓄势待发。

不出所料，过了没多久，王某就引起了公司上层领导的重视。当他们向王某的上司了解情况的时候，得到的是积极的评价和大力的推荐，因此，王某理所当然得到了提拔。

常言道："木秀于林，风必摧之。"锋芒毕露的人极容易遭到别人的不解和敌视，在政治斗争中尤其这样。善于保全自己，急流勇退，不是悲观地避凶就吉，而是为了养精蓄锐，待机而动，这就是韬光养晦。《周易·系辞下》："尺蠖之屈，以求信也；龙蛇之蛰，以存身也。"

满足他人的好胜心

大部分人都有这样的经历：一看到平时高高在上的人的失败、不足，就消除了对对方的紧张感，就想接受对方。

隐"优"露"缺"也可成全别人的好胜心，也会让别人愈加喜欢你，取得良好的人际关系。这点十分容易完成，只要偶然暴露一些无关紧要的小缺点就可以了。

一次，有位记者去报道某个大政治家属下丑闻真相，这位大政治家清楚了记者的意图后，把兴致勃勃打算开始质问的记者挡住："时间多的是，慢慢来好了！"接着一屁股重重地坐下。

记者的开场白就这样被制止了。

一会儿，咖啡送来了。然后，发生了一些意外事件。那个政治家看起来仿佛是个不喝热饮的人，刚喝了一口咖啡就大叫起来："烫死了！"把杯子都打翻了。

刚收拾完，说了没一会儿的话，政治家又把香烟放反了，差点儿在滤嘴上点起火来。

"先生，香烟放反了！"由于记者的关注，政治家更是慌里慌张，连烟灰缸也碰倒了。

据说只要大喝一声便能令一般的国会议员打哆嗦的这位伟大的政治家，却让记者出乎意料地看见了这些丑态，所以，不经意间，记者的挑战情绪顿失，甚至对这位大人物感到亲切不已。

事实上，这种手段只能说是这个大政治家耍的一个计谋，记者只是被假象迷惑了。

人们在看到威严者的丑态和不足时，对这个人所抱的紧张感便会消失，反之还具有接受这个人的心理倾向。假如反用这种倾向的话，甚至可以将对方拉拢成为自己人。

有一位在一流企业担任要职的领导晋升为经理，在就职的客套中公布道："我一向对数字感到头痛，因此希望大家以后多多帮忙！"

就这么一句话，把为了迎接能干的经理而战战兢兢的部下们的紧张感彻底消除了。

可是，后来的情况是这样的，当属下提出书面报告时，他却一眼看出了不足："这个地方数字有错。"然后佯装无事地督促其关注。这个指正事实上是很细微，而且十分重要的，这样继续一段时间后，便在同事中建立了这样一种评语：这名经理明明说他什么都不懂，事实上却是一点都不含糊呢。因此短期内属下对他的信赖感也增强了。

为了消除人们的警惕心和紧张感，并拉拢别人到己方来，暴露自己的不足、弱点，是能发挥相当效果的。

在麦克风前打喷嚏，站不稳，有意表现出些小过错，就能缓和开始的紧张气氛，听众们对有头衔的大教授都有防备心，可是看到这些小的过错后，心里便会想："同样都是人，难免做出些不雅的事。"因此，一种亲切感就自然产生了。

　　与有自卑心理和戒备心的人首次见面时的会谈是十分困难的，特别在社会身份有差距时，对方在居下的地位上心中会有害怕情感。此时对方心理上自然会筑起一堵防御墙，所以，先让对方树立"自己不比别人差"的见解，这一点十分重要。

　　生活中往往有些人，无理争三分，得理不让人，小肚鸡肠。反之，有些人真理在手，一声不响，得理也让人三分，表现得绰约柔顺，颇具君子风度。前者，常常是生活中的不安定因素，后者则具有一种天然的向心力；一个活得叽叽喳喳，一个活得自然潇洒。有理，没理，饶人不饶人，往往都是在是非场上、论辩之中。如果是重大的或重要的是非问题，当然应当不失原则地争论个青红皂白或者为追求真理而献身。可现实生活中，也包括工作中，常常为一些非原则问题、琐碎小事争得不亦乐乎，以至于必须一决雌雄才能罢休，越是如此的人越对甘拜下风的看不顺眼。

　　目前最流行一句话："玩深沉。"就是讲究隐匿的智慧。事实上，某种场合玩点深沉正体现了大度绰约的风姿。争强好胜者不一定掌握真理，可谦逊的人，自身就把出人头地看得十分淡，更不屑一点小是小非的讨论。假如是你有理，却表现得谦逊，常常能体现出一个人的心胸坦荡、修养之深厚。

做人应刚柔并施

一块巨石假如落在一堆棉花上,就会被棉花轻轻松松地包在里面。以刚克刚,两败俱伤;以柔克刚,说不定就可以马到成功。

软与硬,作为一种手段,或者视为一种交际手段,不管什么场所,不可偏颇。从理论上说,软,体现友善、涵养、通情达理;硬,则体现尊贵、原则和力量。在生活中要依据形势变化,巧妙运用。只要运用得当,还是有利于我们构建温馨、美好的工作和生活气氛的。

常言道:"牵牛要牵牛鼻子,打蛇要打七寸处。"应以己之长,克其之短,对待刚烈之人假如以硬碰硬,一定会让双方一起失去理智,头脑发热,做事不计后果,最后各有损伤,事情也一定会搞砸。

假如以柔和之姿去面对刚烈火爆之人,则会是另一番情景,好像细雨之于烈火,烈火熊熊,细雨蒙蒙,尽管说不能马上将火扑灭,却能有效地止住火势,并一点点地将火灭去。可假如暴雨一阵,火灭去,又添洪水泛滥之难,一浪刚平又起一浪,得不偿失。

《三国演义》中诸葛亮霸占荆州就充分利用了软硬兼施的策略,而且运用得十分高明。诸葛亮是运用武力霸占了荆州,可是他非要和东吴说是暂借荆州,这是软的一手，用这一招给东吴以念想，让他们觉得还可以通过和平方式取得荆州，所以难以下决心和刘备、诸葛亮动武。可是当东吴催讨荆州的时候，诸葛亮又施用软硬兼施的策略，一方面赖着不还；另一方面又挑衅动武，把东吴弄得打也不是，不打也不是。利用这一招，诸葛亮达到了长时间霸占荆州的战略意图。

人生在世，待人接物，应该和颜悦色、与人为善，因为，大部分情形下，大家还是和和气气地相处比较好。自然，工作生活中少不了各式各样的冲突，但矛盾只要不是很尖锐，其实还是可以相安无事的。所谓凡事好商量，有话好好说，都是人们待人接物中惯有的温和态度和常用的退让手段，可是并不是任何时候温和的手段都有效。社会上有的人就是欺软怕硬，得寸进尺，把妥协退让视为软弱可欺。你越是好言相劝，苦口婆心地说道理，他越是不依不饶。在这种情形下，就必须采取强硬的态度和手段了。

《水浒传》中大相国寺菜地中的一群街头无赖就属于这样的人。他们天天偷鸡摸狗，不务正业，以到大相国寺的菜地中偷菜为生，还欺压寺中的和尚。鲁智深清楚此事后，事先还想好好给他们讲讲为人处世的道理，但是他们欺负鲁智深是新来的，不清楚他的底细，想给他一个下马威。最终，一群人被鲁智深打入了粪坑，吃了大亏，最终服了软。假如鲁智深还是像以前那些掌管菜园的和尚一样，没有一些拳脚策略，把这群人打得服服帖帖，最终那就只能自己吃亏。

在平时，人们更多的还是要软硬兼施。由于生活是复杂的，人们的情绪是瞬息万变的，在不同的事情上，人们会施用不同的心态和策略。因此，要表现得灵活一点，针对不同的情形，随机应变，采用多样的手段。涉世不深、初入社会的人，或者过分软弱、过分友善，或者是态度固执、目无一切，都是不可取的。所以，更有必要了解软硬兼施的效果，心理上有点软硬两手轮换使用的手段与机变，才能在待人处世中立于不败之地。

学会退观全局

把自己置于别人的视线之外,以致别人在明我在暗,这样不仅能看清局势,而且不易受人干扰。不受人干扰的最大好处就是可以在暗中壮大自己。

"一鸣惊人"的故事,就是很好的例子。

春秋战国时期,楚庄王即位后,不理朝政,每日不是在宫中奏乐饮酒,纵情声色,便是率领卫士驰骋猎场。

大臣们冒死劝谏,楚庄王置之不理,依然我行我素。

国王不理朝政,朝野上下乱象纷呈。权臣们借机结党争权;小人们则逢迎拍马,捞取官职;贪官们更是浑水摸鱼,中饱私囊。

大夫伍举不忍坐视不理,决定入宫进谏。

他入宫见到楚庄王时,楚庄王正一边喝着美酒,一边欣赏歌舞。见到伍举,楚庄王问道:"大夫是想喝美酒,还是要听音乐?"

伍举笑道:"臣既不想喝酒,也不想听音乐。臣闻大王聪明过人,所以,想请大王猜个谜语。"

伍举接着说道:"在楚国的一座高山上有一只大鸟,它的羽毛五彩缤纷,异常华丽。然而,它三年中既不鸣叫,也不飞走,臣不知为什么?"

楚庄王沉思片刻,说道:"这不是一只平凡的鸟,它三年不鸣，是在积攒力量；三年不飞，是为了看清方向。这只鸟不鸣则已，一鸣惊人；不飞则已，一飞冲天。你去吧，你的意思我都明白了。"

伍举听完，大喜过望，他知道国王其实是很有头脑的人，他是在等待时机，而绝不是一个沉溺酒色的荒淫君主，楚国并未丧失希望。

可是，几个月过去了，楚庄王不但没有丝毫改变，反而变本加厉。伍举的朋友苏从觉得受了骗，他全无顾忌，舍身闯入王宫，直言进谏："您身为国王却不理朝政，只知纵情享乐，却不知乐在眼前，忧在不远。不久就会民众叛于内，敌国攻于外，那时楚国就危险了。"

楚庄王勃然大怒，拔剑指着苏从，厉声叱道："难道你不怕死吗？"

苏从凛然正色道："假如我的死能让君王悔悟，能让楚国富强，那我死而无憾。"

楚庄王停了半晌，忽然扔下长剑道："我等的就是大夫这样忠于国家、不怕死的栋梁。"他挥手斥退舞女，开始与苏从谈论起楚国的政务。苏从这才惊异地发现：原来楚庄王对国家的了解比自己还要多。

楚庄王随后发布了一系列政令，把那些谄谀小人、贪官和不称职的官员或杀或免，而把那些包括伍举、苏从等在内的忠直敢言的人提拔上来。一番改革后，楚国的政治面貌焕然一新。

从此之后，楚国日渐强盛，楚庄王最终成为"春秋五霸"之一。

居功切勿自傲

明朝的开国功臣徐达很明白居功切勿自傲的道理,他虽功高过人,却始终谨小慎微,最后,得以善终。

徐达出身农民之家,儿时曾与后来做了大明皇帝的朱元璋一起放牛。他有勇有谋,为大明江山立下汗马功劳,深得朱元璋宠爱。

徐达虽战功累累,却从不居功自傲。他常于开春出征,暮冬之际还朝,而且回来后立即交还帅印,回家安居。

朱元璋曾对他说:"爱卿一生辛劳,从未好好休息过,我就把我过去的旧宅邸赐给你,让你好好享几年清福吧!"

朱元璋说的旧邸,是其登基前当吴王时居住的府邸,徐达不肯接受。朱元璋便请徐达到旧府邸饮酒,将其灌醉。徐达半夜酒醒不知身在何处,内侍说:"这是旧邸。"

徐达大吃一惊,连忙跳下床,伏在地上自呼"死罪"。皇帝见其如此,心里十分高兴。不久命人于旧邸前另建一处宅院,门前立一牌坊,并亲书"大功"二字。

朱元璋曾赐予徐达一块沙洲,乃农民水路要地,徐达的家臣以此擅谋其利。徐达知道后,立即将此地上缴官府。

1385年,徐达病逝于南京。朱元璋为此痛心不已,追封徐达为中山王,并将其肖像陈列于功臣庙第一位,称之为"开国功臣第一"。

朱元璋登基后,从1380年至1390年,因丞相胡惟庸牵连被杀的功臣、官僚共达3万人;1393年,有赫赫战功的将领蓝玉及有关人士均被杀,受株连被杀者1.5万多人;洪武十五年的空印案,洪武十八年的郭桓案,受害者共计八万有余。

朱元璋为强化其统治而严刑重罚,先后有10多万人被杀。从小与朱元璋在一起的徐达,当然十分清楚"伴君如伴虎"的道理,所以,他始终谨小慎微。

居功自傲,终会引祸上身。

要学会保全实力,以图后进

米洛斯岛居于地中海的心脏地区,地理位置十分重要,斯巴达最初就统治了米洛斯。雅典强盛之后,渐渐成为地中海的主宰,雅典想利用米洛斯重要的地理位置来扩张实力,因此决定与米洛斯结盟,共同对付斯巴达。但是,米洛斯人不同意结盟。雅典一怒之下,决定攻打米洛斯。进攻之前,雅典派使节前去劝米洛斯人投降。但米洛斯不肯投降,他们出于对斯巴达的友情,坚信斯巴达会出手相助。雅典使节警告他们:"保守又现实的斯巴达民族是绝对不会帮助米洛斯的,不如放弃抵抗。"

雅典人还说:"弃暗投明是明智者最好的选择,我们已经许诺了合理的条件,屈服于希腊这样伟大的城邦应该是一种荣耀,而不是耻辱。"但是,米洛斯仍不同意。

之后,在雅典军队入侵米洛斯的斗争中,斯巴达果然坐视不管。在雅典的猛烈攻击下,米洛斯人只得投降。为了惩罚米洛斯人,雅典人将米洛斯族的所有男子处死,女人和小孩则卖为奴隶。

弱小的势力如果能够正确地把握自己,就可以由弱变强。其实,结盟对米洛斯人大有好处,但是,他们打错了算盘。 和雅典结盟百利无害，拒绝却被入侵，米洛斯人选择了一条天真而愚蠢的路。

　　面对别人的欺压，人们往往选择反抗。 但有些时候，反抗只会带来损失。 如果采用忍辱负重的态度对待欺压，弯下腰去，故意矮人一头，就会发现对方将因为你的退让而措手不及，因为他们将面对你出其不意的反击。 这个时候，你就可以控制局面了。

选择时机，糊涂一下

常言所说的"大事要清楚，小事要糊涂"，即指要清楚、有准则地处理原则性的问题，而对生活中的一些小事，则没有必要斤斤计较。在日常生活中，我们对一些非原则性的、不中听的话或看不惯的事，可以视若无睹、充耳不闻，或者随听、随看、随忘，做到"三缄其口"。这种"小事糊涂"的做法，不仅是一种处世态度，更是健康秘诀。

世人都愿当智者，不愿做糊涂虫，更不会心甘情愿地故作愚笨。事实上，人世间凡事复杂善变，我们不可能对每件事都心知肚明，而且有些事情越是清楚，越是让人烦恼。故自古即有"大智若愚""难得糊涂"的说法。

清代著名诗人、书画家郑板桥曾写过一个"难得糊涂"的条幅，其下还有一段批注："聪明难，糊涂难，由聪明转入糊涂更难……"当然，此处的"糊涂"指的是心理上的一种自我修炼，意在劝人要明白事理，胸怀开阔，宽以待人。所以，真正的难得糊涂，是大智若愚的糊涂；是一种涵养，心中有数，不动声色；是一种气度，虚怀若谷，超脱怡然；是一种运筹，整体把握，不拘泥于小节。一个人要是能做到这些，他便是聪明的"糊涂"人。

"糊涂"既可使矛盾冰消雪融，又可使紧张的气氛变得轻松、活泼，从而不仅可以使心理平衡，而且可以保持健康。当身处困境时，"糊涂"一点便可心胸坦然、精神愉快，不仅可以减少"大脑保卫系统"中不必要的刺激，还可消除生理和心理上的痛苦与疲惫。

在男女的爱情中，更需要难得的糊涂。当一段情感变色——或疏远，或伤害，或背叛，总有一方忍不住会愤怒："你曾经说过爱我到永远，你全是骗我的！"被质问的人常常深感委屈："那时我真的很爱你，真的想和你同生共死，我没有骗你！"

真与假，无恒定。所谓的"真作假时假亦真，虚中有实实乃虚"，当感情不再，真亦是假。若人皆如佛般睿智，可以看透自己的来路去途，可以明了自己的生辰死日，可以观视生命旅途中遭遇之事、所遇之人，那还有意义吗？活着的滋味，将比白开水更寡淡。

正因为人生的虚实难料、前程未卜，正因为人世间真假交错、爱恨更替，才让我们充满探究的兴致、追寻的意趣，才会让我们在跌宕起伏间惊心动魄，才会使我们倍加珍惜真情、珍惜成功。如果好、坏、成、败早已注定，早已明晰，一切按部就班，心就会变得迟钝，失去活力。

人生，因过程而精彩；生命，因感觉而真实。

在失意者面前少说话

失意时学会敬人，得意时更要懂得敬人。敬人者，人恒敬之。

有一次，小李约了几个朋友一起聚聚，这些朋友相互间都非常熟识。小李把他们聚在一块，主要是想借着热闹的氛围让那时正陷于低谷的一位朋友的心情好一些。

这位朋友前不久由于经营不善结束了一家公司的经营，妻子也由于受不了生活的压力正与他谈离婚的事。内外交迫，他的确痛苦极了。

前来吃饭的朋友都清楚这位朋友当时的遭遇，大家都尽量回避去谈与事业有关的事，可是其中一位由于当时发了大财，赚了很多钱，几杯酒下肚之后憋不住就开始谈他的赚钱能耐和花钱功夫，那种洋洋自得的表情连小李看了都有些不舒服。而小李那位失意的朋友更是沉默不语，脸色十分难看，一会儿去上洗手间，一会儿去洗脸，后来找理由提早离开了。

小李送他出去，走在巷口时，那位朋友十分生气地对小李说："老吴有能耐赚钱也没必要在我面前吹嘘嘛！"

那时，小李最明白他的心情，因为在10年前，小李也有过人生的低谷期，当时正处于得意时期的亲戚在小李面前吹捧他的薪水怎么怎么高，年终奖金怎么怎么多，那种感受就好比把针一根根插在心上一样，说多难过就有多难过。

因此，与人相处一定要记住不要在失意者面前谈论你的得意。

总而言之，失意的人攻击性较少，抑郁寡欢是他们表现得最为普通的一种形态，但别觉得他们只是这样而已。听你谈论了你的得志后，他们一般会产生一种心理——怀恨。这是一种转入到内心深处的对你不满的攻击。你说得口沫横飞，不经意间已在失意者心中埋下了一道陷阱。想想看，这多不值得。

所以，当你有了得意之事，无论是升了官，发了财，或是一切顺利，忌讳在失意的人面前谈论。假如不知道某人正在失意也就算了，假如知道，绝对不要开口。

不过，有一点你一定要注意，就算在座没有正失意的人，可总也有情况不如你的人，你的得志还是有可能引起他们的反感。人都是有嫉妒心的，这一点你必须认可。

第三章

圆即通达,处世还是灵活点好

学会改变,撞了南墙及时回头

许多人之所以找不到正确的方向,是因为坚持一条道走到底。其实,生命并非只有一处灿烂辉煌,撞了墙时及时回头,也许你能看到另一番灿烂的景象。

生活中,我们常常一方面抱怨人生的路越走越窄,看不到成功的希望;另一方面又因循守旧、不思改变,习惯在老路上继续走下去。

美国康奈尔大学的威克教授做过这样一个实验:拿一只敞口玻璃瓶,瓶底朝光亮一方,放进一只蜜蜂,蜜蜂在瓶中反复朝有光亮的方向飞,它左冲右突,努力了好多次,都没有飞出瓶子,可它就是不肯改变突围的方向,仍旧按原来的方向去冲撞着瓶壁。最后,它耗尽了气力,气息奄奄。

然后,教授又放进了一只苍蝇,苍蝇也朝有光亮的方向飞,突围失败后,又朝各种不同方向尝试,最后终于从瓶口飞走了。

这个实验充分说明:采取的策略和思维不同,就会带来不一样的结果。成功在于思维的变换,世界上没有不犯错误、不经历失败的人,重要的是当一条路走不通的时候,要赶紧转过身去寻找另一条出路。有时候,在困境面前改变一下思路,一切就峰回路转、柳暗花明了。很多成功者的事例都证实了这一点。

蒲松龄,清初山东人,由于当时科举制度不严谨,科场中贿赂盛行,舞弊成风,他四次试举人都落第了。但蒲松龄志存高远,并没有因为落第而悲观失望,相反,他另辟新路,放弃从官之路,立志要写一部"孤愤之书"。他在压纸的铜尺上镌刻了一副对联,联云:

"有志者,事竟成,破釜沉舟,百二秦关终属楚;苦心人,天不负,卧薪尝胆,三千越甲可吞吴。"

蒲松龄以此自勉。后来,他终于写成了一部文学巨著——《聊斋志异》,自己也成了万古流芳的文学家。

蒲松龄虽然落第,与仕途无缘,但他找到了成就自己的另一条道路,在这条新开辟的道路上,他取得了成功,也为后人留下了宝贵的精神财富。像他这样的例子,在历史上还有很多。

在中国被称为"东亚病夫"的黑暗年代,鲁迅抱着医学救国的热情东渡日本留学。当他从电影中看到中国人被日寇砍头示众、周围却挤满了看到同胞被害而麻木不仁的人群的情景后,内心受到极大的震动,他觉得"凡是愚弱的国民,即使体格如何健全,如何茁壮,也只能做毫无意义的示众材料和看客,病死多少也不必以为不幸的"。于是,他毅然弃医从文,立志用手中的笔来唤醒沉睡的中国民众的灵魂。从此,鲁迅把文学作为自己的目标,成为伟大的文学家、革命家,他用手中的笔做武器,写出了《呐喊》《狂人日记》等许多作品,唤醒了无数同胞起来和黑暗势力做斗争。

由此可见,在人生的竞赛场上,并非只一处辉煌,此路不通时,要及时回头,这样才能找到你的生活目标。

审时度势，识时务者为俊杰

《三国志·蜀志·诸葛亮传》裴松之注引晋习凿齿《襄阳记》中说："识时务者，在乎俊杰。此间自有伏龙、凤雏。"何谓时务？时务是指事态的发展状态、发展趋势。根据这趋势把握自己的行为举止，根据趋势决定自己何去何从。

为人处世要"识时务"，要能看透世事发展的趋势，并顺应世事发展，及时采取应变之策。审时度势是识时务最基本的功夫之一。看透世事发展的趋势，并顺应世事发展，及时采取应变之策，才是识时务的要义之一。

古人说："成者王侯败者贼。"而历来古今中外之"成者"，无一不是识时务的俊杰。

李斯生于战国末年，年轻时当过小官，对当时现实和自己的处境很不满，一心想建功立业。他经常看见在厕所中觅食的老鼠，遇见人或狗就慌忙逃窜，样子显得十分狼狈。再看粮仓中的肥鼠，自由自在地偷吃粮食，没有人去打扰。

李斯由感叹得到启发，发现人要像粮仓之鼠，才能为所欲为、自由自在。于是，他到齐国去拜荀子为师，专门学习治理国家的学问。

学成之后，李斯仔细分析了当时的形势。楚王无所作为，不值得为他效力。其他几国势单力薄，也成不了大气候。他感到只有秦国能有所作为，于是决定到秦国去。

　　临行前，荀子问李斯去秦国的原因，李斯回答说："学生听说不能坐失良机，应该急起直追。如今各国争雄，正是立功成名的好时机。秦国想吞并六国，统一天下，到那里去正可以干一番大事业。人生在世，最大的耻辱是卑贱，最大的悲哀是穷困。一个人若总处于卑贱贫穷的地位，就会像禽兽一样。不爱名利，无所作为，不是读书人的真实想法。所以，我要去秦国。"荀子对此大加赞赏。

　　李斯刚到秦国时，并不得志。后来，相国吕不韦发现李斯博览群书，加以重用，李斯才有了接近秦始皇的机会。

　　这时，秦始皇正想一统天下，李斯趁机向他献计说："凡是成大事业者，都应抓住时机。秦国在穆公时虽然强盛，但由于时机不成熟，没有完成统一大业。自孝公以来，王室衰微，诸侯争霸，各国连年打仗。现在，秦国国力强盛，大王英明，消灭六国像除灶尘一样容易。这正是完成帝业、统一天下的大好时机。如果错过机会，等各国强大并联合起来后，那时虽有黄帝的英明，也难以吞并天下了。"

　　秦始皇听了这些话十分兴奋，马上提拔李斯为长史，按他的谋略派谋士刺客到各国去，用重金收买各国大臣名士，收买不了的就刺杀。与此同时，又派出名将率重兵以武力威胁，迫使各国就范。

在10年时间内，李斯辅佐秦始皇消灭了六国，完成了统一天下的大业。他因此为秦始皇所器重，官位上升到了丞相。

李斯不愧是识时务者，当然属俊杰之列。择木而栖或者择主而从的问题，也充分体现了抓住时机的谋略，以此来达到自己的目的。他给"良禽择木而栖，良臣择主而事"作了绝佳的注解。

由此可见，审时，是一种远见卓识的准确；度势，是一种心里有底的把握。审时度势，更是一种心明眼亮、运筹帷幄的大自若。审时度势应当这样：根据今天情况采取适当的措施，随着时间的不同而办事。

幸运不是从天而降的，这关键在于你是否能够有一双雪亮敏锐的眼睛，而且处处留心洞察、分析时机，揣度情况。当你等到适合的时机时，因事制宜，好运气终会属于你。

通权达变，做人不要太固执

曾有人问孟子说，依礼制，男女之间连亲手递接东西都不可以，那么，要是一个人的嫂子掉进水里，他可以用手去拉她吗？

孟子说，若嫂子掉进水里，不去拉她，那简直就是豺狼。男女之间不亲手递接东西，这是礼制。但礼制也应根据实际情况加以变通，嫂子落水而伸手援救，这就是一种变通。

百里奚在虞国时，晋人用美玉、良马向虞公借路去攻打虢国。虞国大臣纷纷劝说虞公不要应允，唯独百里奚不去劝，因为他知道虞公不会听从任何人的劝阻，劝也无用。所以，他并不死守在虞国，而是去辅助秦国，因为他知道虞国无道，注定失败，而秦穆公才是一位可以与之有所作为的人。

孟子不但没用儒家的观点去批评百里奚的背信弃义、投敌叛国，反而对他大加赞赏，并说："像百里奚这样的人才是真正的聪明人。"还说："有德行的人，也不必句句都讲诚信，行动也不一定要贯彻始终，只要是与义同在，仗义而行就行了。"

从上面的例子可以看出，孟子所倡导的"权变"思想，主要是为了起到"通"与"达"的作用。即是对人们行为的一种取舍，要求人们知法度而不拘泥于法度，明事理而不淤滞于事理；知进退，善变通；允中厥，不极端；动静相宜，行止有度。所以，孟子既反对杨子的连拔一根汗毛而有利于天下都不肯干的"为我"思想；也反对墨子的过分节俭，摩秃头顶，走破脚跟，只要有利于天下什么都肯干的"兼爱"主张。他认为，即使主张"中庸"之道，也要懂得"变通"之法，而不可固执于一端，因为过分执于一端而废弃其余，最终是会有损于仁义的。

孟子为了极力发扬孔子的"仁"学思想，为了使人们在自己的日常行为中能确保允中而不执边，奉行"中庸"之道而发挥自己的本有潜能，乃至实践人生的圆满。所以，孟子以自己独特的"权变"发明，在立身处世方面提出了"舍生取义"的取舍原则；"穷则独善其身、达则兼济天下"的仕途原则；"当受则受，当辞则辞"的受礼原则。所有这些原则都体现出了孟子的"通权达变"的实用价值。

孟子的这种"通权达变"的处世方式，实为人生道路上不可或缺的一种权巧方便。人生于世、行于世，本来就是一场非常艰巨而严峻的考验，并且世间万物纷然而庞杂，难以一概而论。虽然从人生的进取层面来看，为人自然应该战战兢兢，如履薄冰，如临深渊。但在具体的实际行动中则应遵循"权变"的原则，不应执于一端，否则东向西望难见西墙。世事的复杂，时势的多变，要求人们在不同的情况下采取不同的应对措施，唯有灵活掌握"权变"的通达，才能真正做到进退自若。

种子落在土里长成树苗后最好不要轻易移动，一动就很难成活。而人就不同了，人有脑子，遇到了问题可以灵活地处理，用这个方法不成就换一个方法，总有一个方法是对的。做人做事要学会变通，不能太死板，要具体问题具体分析，前面已经是悬崖了，难道你还要跳下去吗？不要被经验束缚了头脑，要冲出习惯性思维的樊笼。执着很重要，但盲目的执着是不可取的。人生一直都充满着变化，即使是相同的事件，在不同人的身上发生，都会有不同的感受与发现。所以，不要用听说或看见来表露自己的感同身受。唯有亲自经历，才能得到真正的体验，才能从这样的经验中，得到真正的启发，让自己更加懂得变通。

变通是生活中不可缺少的智慧。善于变通的人能够认识到什么是机会，并会及时采取行动抓住机会。变通能力需要以人的洞察力和行动力为武器，要时时与自身固执的心态做斗争。成功和失败，只在一线之间。那要如何让自己从失败转变为成功呢？只要懂得如何变通，就能成功。在处理问题时，我们总是习惯性地按照常规思维去思考，如果我们学会灵活变通，那么，你会发现"柳暗花明又一村"。

对于一个人来说，自身修养的一个最高境界是：择善而固执。然而，固执易，而择善难。综观世上的历史与现实，固执择善者少，而固执择恶者却不乏其人。固执不能择善而择恶，那就很危险了。原本就能够得以补救的事情，却因为自身的固执而变得无法逆转。

在很早以前，有两个年轻人，一个叫小山，一个叫小水,他们同住在一个村庄里面,成了最要好的朋友。由于居住在偏远的乡村谋生不易,他们就相约到很远的地方去做生意,于是都把田地变卖,牵着驴,带上自己所有的财产远行了。

他们首先抵达了一个生产麻布的地区,小水就对小山说:"在我们的故乡,麻布是一种非常值钱的东西,我们把所有的钱换取麻布,带回故乡,一定会有利润的。"小山同意了,于是他们两个人各自买了麻布细心地捆绑在驴子背上。

走了几天,他们到达了一个盛产毛皮的地方,那里也正好缺少麻布,小水就对小山说:"毛皮在我们故乡是更值钱的东西,我们把麻布卖了,换成毛皮,这样做不但能够把我们的本钱收回来,同时,返回乡之后还能有很高的利润!"

小山说:"不了,我的麻布已经非常安稳地捆在驴背上,要搬上搬下是一件多么麻烦的事啊!"

于是,小水把麻布全换成毛皮,还多赚了一笔钱。但小山依然只有一驴背的麻布。

他们又走到一个生产药材的地方,那里天气苦寒,正缺少毛皮和麻布,小水就对小山说:"药材在我们故乡是更值钱的东西,你把麻布卖了,我把毛皮卖了,换成药材带回故乡一定能赚大钱的。"

小山拍拍驴背上的麻布说:"不了,我的麻布已经很安稳地捆在驴背上,何况已经走了那么长的路,卸上卸下的实在太麻烦了!"后来,小水就把自己所拥有的毛皮都换成了药材，又赚了一笔钱。而小山却依然只有一驴背的麻布。

后来，他们又来到一个盛产黄金的城市，那个充满金矿的城市是个不毛之地，非常欠缺药材，当然同时也十分缺少麻布。小水就对小山说："在这里，药材和麻布的价钱很高，黄金非常便宜，但我们故乡的黄金却十分昂贵，我们为何不把药材和麻布换成黄金，这样，一辈子就不用为吃穿而发愁了。"

小山又一次拒绝了："不！不！我的麻布在驴背上很稳妥，我不想把它们变来变去呀。"于是，小水卖了药材，把它们换成一批黄金，又赚了一笔钱，可小山还是守着一驴背的麻布。

最后，他们两人都回到了自己的故乡，小山卖了麻布，只得到了蝇头小利。而这次远行对于小水来说，他不但带回来了一大笔的财富，还把黄金卖了，成为当地最大的富豪。

固执的小山，在这个故事中是个不折不扣的"笨蛋"，他只是在愚蠢地固守着自己的"原则"，没有在环境适合的时候适当地做出改变，结果，他还是原来贫穷的小山，而小水却因原则的改变，变成了一个富人。可见，过分的固执是一件十分可笑的事情。

全面考虑，进时思退，退时思进

西汉时有一位享有盛誉的大侠叫郭解。有一次，洛阳有个人跟另一个很有势力的人结下了怨恨。这人害怕很有势力的人以后会为难自己，就请了地方上的一些有名望的人士出来调停，然而对方就是不肯给面子。这人无奈之下，找到郭解门下，请他来化解这段恩怨。郭解接受了这个请求，亲自上门拜访这个很有势力的人，并做了大量的说服工作，好不容易使这人同意了和解。

按照常理，郭解此时不负他人所托，完成了化解恩怨的任务，就可以走人了，可郭解还有高人一着的地方。他对这人说："你们的这个事，听说过去你们当地许多有名望的人都来调解过，但是都没能达成协议。这次我很幸运，你也很给我面子，了结了这件事。我在感谢你的同时，也为你我担心。因为我毕竟是外乡人，在本地人出面都不能解决问题的情况下，由我来完成和解，未免使本地的人感到丢面子。这样，他们心里就难免会对我们有所怨恨。为了免除你我以后的麻烦，请你再帮我一次，从表面上要做到让人以为，就是我出面也解决不了问题。等我明天离开此地后，你再把面子给他们，算做是他们完成这个美事的。这样，你我都不会有后患了。"这就是郭解的高妙之处。

明太祖朱元璋的大儿子比朱元璋死得还早,所以,朱元璋就把大儿子的儿子朱允炆立为皇太孙。朱元璋不立儿子,却立孙子为皇储的做法,让他的另外几个儿子非常不服气。朱元璋死后,朱允炆即位为建文帝。建文帝的十几个皇叔在各地拥兵自重,严重危及他的利益。于是,他开始"削藩",陆续罢免皇叔们的职务。到最后,就剩下燕王和宁王两个人了。由于他们的力量已经发展得十分强大,建文帝很难对他们下手,所以将他们暂时存留下来。

燕王朱棣是朱元璋的四儿子,曾经立下过赫赫战功。当时,他驻守在燕京(今北京),对于建文帝来说,朱棣是最大的威胁。所以,建文帝一方面派人去燕京,直接掌管军政大权;另一方面收买了燕王身边的人,让他们密切监视着朱棣的行动。朱棣感觉到形势十分危急,于是就装起病来。建文帝当然不相信,就让在燕京的官员前去探听虚实。那个时候,正值盛夏酷暑难耐的时候。朱棣却穿着皮袄,坐在炉子的旁边,浑身一直打哆嗦,还不停说:"天气太冷了。"被派去的人看到这种情形,相信朱棣的确是得病了,但是被收买的燕王身边的人却秘密向朝廷报告,说燕王没有病,他是为了蒙蔽朝廷,朝廷应该马上采取行动。于是,建文帝就密令燕京的守城副将张信捉拿朱棣,并把他押到京城金陵去。

不料,张信原是朱棣在金陵时候的好朋友,并且张信还受到过朱棣的许多恩惠。于是他就跑去告密。朱棣仍旧假装病情十分严重,不肯开口讲话,张信非常着急地说："我冒着灭门之罪的风险过来告诉你实情，难道你连我都不肯相信吗？"朱棣这才起身，跟张信商量应对之计。由于当时燕京的军政大权是由两位朝廷大臣来掌握的，所以当下最重要的，就是必须先杀掉他们二人。于是，朱棣便诡称，自己将要赴京去请罪，那两个官员不知道其中有诈，于是，就到燕王府来商量其中的一些具体事情。毫无防备的他们，立即就被朱棣布置好的伏兵逮捕了，与此同时，燕王府的内奸也被朱棣给揪了出来。实际上，深谋远虑的朱棣早已经采用了谋士姚广孝的计谋，在自家的后花园秘密地训练了一支精兵。这时，他便率领着这支精兵发起了反攻，很快便攻下了燕京的各个战略要地，并且把燕京的整个局势都控制住了。紧接着，朱棣以"靖难"的名义，开始进攻京城。经过数年的战争，朱棣最终夺取了皇位，他就是历史上赫赫有名的明成祖。

从进退之道来说，做事情只有事先准备、未雨绸缪，才能有备无患。 进时思退是说在决定前进时，首先要对失败有思想准备，对困难有提前认知，这样才能在情况不利时可以有退路。 而退时思进，则是让人不要轻易放弃，所谓坚持就有机会。 无论是郭解的进时思退，还是朱棣的退时思进，都是做事情的通盘考虑。 考虑通透全面了，方能在未来变幻莫测的生存游戏中进退自如。

别太轻信，信誉越来越靠不住

一位慈祥、和蔼的爷爷正和小孙子在屋里玩耍，爷爷满脸爱意地和小孙子在沙发、窗台间转来转去，小孙子玩得开心极了。

小孙子见爷爷今天情致这么好，也异常顽皮。爷爷把他放在壁炉上，鼓励他使劲儿往下跳，跳了一次，爷爷接住了他，又把他抱上壁炉，鼓励他再跳。小孙子看见爷爷伸着手，毫不犹豫地跳下来，但这一次，爷爷突然缩回双手，小孙子扑通一声掉到地上，痛得大哭大闹，爷爷却在一旁微笑着。

面对旁人不解的神色，爷爷回答道："我是个成功的商人，我知道怎样去相信别人。而小孙子并不知道，他以为爷爷是可靠的。但这样的事情重复上二至三遍，他就会渐渐明白：爷爷也不可靠，不要盲目相信任何人，靠得住的只有自己。"

所以说，能在现今瞬息万变、风云莫测的商场中成就大事的人都不会轻信于任何人。虚假的需求信息，深藏欺诈的报价，吹得天花乱坠的广告，都是防不胜防的陷阱，你若没有点怀疑精神，随时可能血本无归。

孙子兵法云：知己知彼，百战不殆。尤其是与人合作，更不可忘记这一深刻的古训。永远对你的对手保持警惕和戒备，随时随地密切注视对手的情况，如果不把问题弄个水落石出，就仓促与对方签合同做生意，将是十分危险的。据资深的厨师讲，每条鱼的纹路都不一样，从鱼的外观可以分辨出鱼的味道，而我们多数人在同对手打交道很长时间后，仍然对对手的情况知之甚少，而且我们还缺少对他们了解的好奇心，这样粗枝大叶地做生意，又怎么能指望获得全面的胜利呢？

还有的人对信誉的依赖过分突出。不错，越来越多的商人懂得建设良好的信誉意味着生意的兴隆。信誉作为自己的事情，当然越牢固越好，但具体到每一笔生意时，信誉是不能依靠的。

孙子兵法还说：兵不厌诈。真正的成大事者和高明的骗子都知道这个道理，很可能刚开始在你面前显示的几次信用不过是诱你步向深渊的一个诈术。

现在，商场上骗子们的表现形式无法预料，行骗手段高明得让人防不胜防。有时骗子抛出烟幕，让人信以为真；有的真真假假，使人难以分辨；更为可怕的是放长线钓大鱼。被骗前的所有交易都是货真价实，以此赢得信赖。一旦行骗，便卷走巨额货物，销声匿迹，无处寻觅。

报纸、电视上报道的许多职业骗子所采用的方法就是放长线钓大鱼的骗术：首先，骗子在与你交易前，为了获取信任，会主动提出大家喜欢的结算方式，现金支付。在随后的几次买卖中，都无例外地使用现金交易。因为这些交易规模不大，使用现金支付并不困难。在长达一年的时间内，骗子都是一手交钱、一手交货购买商品。

几次小的签约都严格地执行，在对方心理上产生错觉，误认为大的交易同样值得依赖，继而被骗子钓走了大鱼，蒙受了巨大损失。放长线钓大鱼的骗术，有其隐蔽性的一面，长期贸易往来建立了信任感，使人不能轻易察觉到行骗动机。但仔细观察的话，也是可以发现出一些规律，从100元到1000元，是一个循序渐进的过程，以1000元到10万元是突飞猛进的时刻。稍有心计的人便会想到去了解一下这位客户的经营状况、可信程度、销售渠道等情况。生意归生意，交情归交情，当一个亿万富翁破产时，照样是到处借不到钱。放长线，目的就是迷惑对方，倘若想不受骗上当，就得擦亮眼睛。

所以，在商海中沉浮的人非常清楚，即使成功地与对方合作了一次，也并不意味着下一次就有保证。轻易取信于人带给你的只是一个虚幻的"靠山"，目的不是成就你，而是打败你。

隐藏一些，心事不可随便说

现今的社会，是不能随便与人推心置腹的。我认识的某机关一位姓王的局长在这方面就曾有过沉痛的教训。

大概是1998年秋天，他们局分配来一个名牌大学毕业的大学生，王局长是个非常爱才的人，便对他另眼相看，那大学生也对王局长极尽奉承、巴结和讨好。时间一长，两人几乎成了推心置腹的朋友。王局长什么事都不瞒他，甚至连自己和副局长之间的不和也和盘托出。

后来，王局长渐渐感到，副局长与自己的矛盾日益加深，关系越来越僵，甚至时常当面出语顶撞，眼看两人实在无法共事，上级只好把二人调开完事。

本来，两个人的矛盾就是因工作而起，既然不在同一个部门工作了，矛盾自然就少了许多。日子一长，两人渐渐消除旧怨，重新搭话，王局长意外地发现副局长当初对他敌意陡增、态度突变，全是因为那个大学生在中间传话捣的鬼。他把局长批评副局长的话全部一五一十地告诉了副局长，还附带说了许多批评王局长的话。

王局长如梦初醒，大呼上当，愤然去找那位大学生。谁知，大学生却说道："我既没有造谣，也没有诽谤。我是人，总有表达我自己观点的权力吧？你可以想想，我在你面前是否说过副局长的坏话？如果没有，那就不是挑拨离间。"王局长哑然无语。

痛定思痛，王局长发现自己犯了心事随便说的错误。当你在领导岗位上时，别人对你总有几分敬畏。你说话时，别人常会诺诺应声，但千万不能据此认为别人和你的想法是一致的，尤其是不该让下属知道的事（比如领导与领导之间的矛盾），即使关系相当好，也绝不能透露半个字。

其实，又何止是当领导的需要有防人之心？在现实生活中，每个人都会有心事，但心事不能随便对人倾吐，要慎言谨行。之所以处理心事要这么慎重，是因为心事的倾吐会泄露一个人的脆弱面，这脆弱面会让人下意识地瞧不起你，最糟糕的是脆弱面被别人知道，会形成他日争斗时你的致命伤，这一点不一定会发生，但你必须提防。

心理学家说，人若有心事，应该说出来，才不会在心内郁积，闷出病来。这个说法基本上是没错的，但我们认为，要说可以，但不能"随便"说。所谓"随便"是指：没区分"心事"的等级；没区分说的对象。

换句话说，如果你的心事必须一吐为快，一定要想到：这件事能对他讲吗？会不会造成不必要的麻烦？

有些心事带有危险性与机密性，例如，你在工作上承担的压力与牢骚，你对某人的不满与批评，你对某事的意见。当你痛快地倾吐这些心事时，有可能以后会被人拿来当成和你竞争的有力武器，到那时，你是怎么死的，你自己也许都不知道。

那么，对好朋友总应该可以畅谈自己的心事吧？还是不可随便说出来，你要说的心事还是要有所选择，因为你目前的好朋友未必也是你未来的好朋友，这一点你必须清楚。

那对自己的爱人、父母总可以说吧？我们仍然强调：不可随便说出来，除非你的爱人对你有充分的了解与信赖。但两个不同个体，智慧与经验总有缺乏交集的地方，你的爱人对你的心事的感受与反应有时并不是你所预期的那样，譬如说，她（他）因此对你产生误解，甚至把你的心事也说给别人听。父母一般年事比较高，心理承受能力较弱，你的心事会给他们造成很大的负担，对他们的健康不利。

然而，闭紧心扉，心事滴水不漏也不是好事，因为这样你就成为一个城府深、心机沉、不可捉摸与亲近的人了。如果你给了别人这种印象，这是划不来的，因为再也没有人会信赖你，他们也不敢信赖你，你的人际关系将非常糟糕。所以，我们认为：偶尔也要说说无关紧要的"心事"给你周围的人听，以降低他们对你的揣测与戒心。这样，既可以获得别人的信赖，又没有暴露自己的脆弱面，何乐而不为呢？

深思熟虑，多点戒心没坏处

如果你留心的话，就可以发现，现在同事之间很少有真正能够交心的朋友，许多人平时嘴上说得非常漂亮，可如果一幢大楼失火，顶楼的人们都想乘直达电梯下去，就会造成拥挤，哪里还会有人管你是不是下去了。相同的，一家公司有了肥缺，大家免不了会争着去而形成混乱。无论在人生的战场、情场或是商场和职场，任何人都很难期望通行无阻。在现实生活中，更是常常会为了什么蝇头小利而挤得头破血流。所以说，平时在跟同事相处时，要怀有戒心，不要将同事们怀有某种企图的说话太当真。

俗话说，"逢人只说三分话，未可全抛一片心"，这就是提醒你，在待人处世中，千万不要动不动就把自己的老底交给对方。不论在任何情况下，都要留下七分话，不必对人说出。你也许以为，大丈夫光明磊落，事无不可对人言，何必只说三分话呢？老于世故的人，的确只说三分话，你一定认为他们是狡猾，很不诚实，可是，说话须看对方是什么人，如果对方不是可以尽言的人，你即使说三分真话，已嫌过多了。

孔子曰："不得其人而言，谓之失言。"对方倘不是相知的人，你也畅所欲言、以快一时，那对方的反应会如何呢？你说的话，是属于你自己的事，对方愿意听你的么？彼此关系浅薄，你与之深谈，显出你没有修养；你说的话，是属于对方的，你不是他的诤友，不配与他深谈，忠言逆耳，显出你的冒昧！

所以，逢人只说三分话，不是不可说，而是不必说、不该说。

事无不可对人言，是指你所做的事，并不是必须尽情向别人宣布。老于世故的人，是否事事可以对人言，是另一问题。他的只说三分话，是不必说、不该说，绝不是不诚实，绝不是狡猾。

另外，和人初次见面，或才见过几次面，就算你觉得这个人不错，而他也喜欢你，你也不该把你的心一下子就掏出来。因此，对还不了解的人，无论说话或作为，都要有所保留，不可一厢情愿。

告诉你不要一下子就把心掏出来，并不是教你做个虚伪、城府深沉的人，而是人性复杂，你若一下子就把心掏出来给对方，用心和他交往，那么，就有可能"受伤"。

把心掏出来，这代表你的真诚和热情，但见你把心掏出来，他也狠心掏出来的人不太多，而且也有掏的是"假心"的人。若这种人别有居心，刚刚好利用了你的弱点，好比薄情郎对痴情女一般，那么，你的日子就不好过了；而会玩手段的人，更可以因此把你玩弄于股掌之中。

也有一种人，你把心掏出来给他，他反而不会尊重你，把你看轻了，有些人就是有这种劣根性；你对他冷淡一些，他反而敬你又怕你。换句话说，对这种人来说，太容易得到的感情，他是不会去珍惜的，那么，你的付出不是很不值得吗？

另外，还有一种状况，你一下子就把心掏出来，如果对方是个谨慎的人，那么，你反而吓着了他。因为他怀疑你这么坦诚是另有目的，如果是这样，你不是弄巧成拙，弄坏了有可能发展的情谊吗？

因此，与其把心一下子掏出来，不如慢慢观察对方，等有了了解之后再"交心"。你可以不虚伪，坦坦荡荡，但绝不可把感情放进去，要留些空间作为思考、缓冲——不掺杂感情因素。这样，一切就好办了。

一位牙病患者坐在牙科医生的椅上时，他总是尽量地张大嘴巴。但是在待人处世中，即使是一个最简单的事情也得深思熟虑。要养成习惯，在你张开自己的嘴巴之前，要尽量了解其他人的观点。这当然要花费一点精力，但为了取得好的结果，这是值得去努力的。

别太单纯，有些话可听不可信

现在，会说"场面话"的人越来越多，但能真正办实事的人却越来越少。无论哪一个人，有时都会听到一些冠冕堂皇的"场面话"，如果你将这些话当真了，那就是纯粹的犯傻。

刘伟在一事业单位工作，十几年没有升迁，于是，他通过朋友牵线，去拜访一位负责调动的人事主管，希望能调到别的单位，因为他知道那个单位有一个空缺，而且他也符合资格。

那位主管表现得非常热情，并且当面应允："没问题！"

刘伟兴冲冲地回家等消息，谁知半个月、一个月、两个月过去了，一点消息也没有。打电话去，不是不在就是"正在开会"。问朋友，朋友告诉他，那个位置已经有人捷足先登了。他非常气愤地问朋友："那他又为什么对我说没有问题？"他的朋友也不知如何回答是好。

这件事的真相是：那位主管说了"场面话"，而刘伟由于阅历太少，信了他的"场面话"。

"场面话"是人际交往中说话必需的应酬之一，而说

"场面话"也是一种生存智慧。在社交中，一些高手都懂得说，也习惯说。这不是罪恶，也不是欺骗，而是一种"必要"。

一般来说，"场面话"有以下几种：

（1）当面称赞人的话。诸如称赞你的小孩可爱聪明，称赞你的头发乌黑发亮，称赞你教子有方……这种场面有的是实情，有的则与事实有相当的差距，听起来、说起来虽然"恶心"，但只要不太离谱，听的人十之八九都会感到高兴，而且旁边人越多，他越高兴。

（2）当面答应人的话。诸如"没问题""我全力帮忙""有什么事尽管来找我"等。说这种话有时是非说不行，因为对方运用人情压力，当面拒绝会很难堪，而且会立马得罪一个人。若对方缠着不肯走，那更是麻烦，所以用"场面话"先打发，能帮忙就帮忙，帮不上忙或不愿意帮忙再找理由，总之，它有"缓兵计"的作用。

所以，"场面话"想不说都不行，因为不说，会对你的人际关系有所影响。

不过，千万别相信"场面话"。

对于称赞或恭维的"场面话"，你要保持冷静和客观，千万别两句话就乐昏了头，因为那会影响你的自我评价。冷静下来，反而可看出对方的用心如何。

对于满口答应的"场面话"，你要保留态度，以免希望越大，失望也越大；对于"场面话"，只能"姑且信之"，因为人情的变化无法预测，你既测不出他的真心，就要有最坏的打算。其实，要知道对方说的是不是"场面话"也不难，事后可求证几次。如果对方言辞闪烁，虚与委蛇，或避不见面，避谈主题，那么对方说的就真的是"场面话"了。所以，对这种"场面话"，一定要有清醒的头脑，采取必要的措施，否则，可能会误你的事。

第四章

圆即圆融,能容人者容天下

为人处世以容人为上策

古语云:"得饶人处且饶人。"为人处世,若是让斤斤计较、小肚鸡肠占据了内心,烦恼就会接踵而至,甚至内心充满嫉妒与仇恨。可知,懂得包容、宽恕才是真正的智者,包容与宽恕是与人友好相处的不可或缺的要素。有了矛盾,步步紧逼,针尖对麦芒,最终会两败俱伤。学会包容,可以有效地减小损失,甚至完全避免。

人生路上,不如意事十之八九。不顺心就烦恼,乃至大发脾气,不仅伤了别人,损了自己,更多的烦恼也会找上门来。因此,学会宽容对待是必要的,与人争斗,只会两败俱伤。生活中本就喜忧参半,此时自己还斤斤计较,跟得失计较,喜就更少。没有喜,生活的意义何在?因此学会宽容待人是很必要的。

从前有位得道高僧特别钟爱兰花,每日都费心照料。一回远游前,他嘱咐弟子们认真照看兰花。然而一个弟子一时大意,碰倒了花盆,碎了一地,花也掉在了地上。众人大惊,心中很害怕。然而万万想不到的是,师父回来知道这件事后,不仅没有生气,还说道:"之所以养这些花,一是为了献给佛祖,二是装饰,如果是为了生气就不种了!"

"养花不为生气！"不愧是高僧，自己喜欢兰花，并且花费了大量的心力，如今被打破，换做常人定是大发雷霆，追究责任，高僧却不这么做。花虽然损坏，然而由于这件事就大发雷霆便违背了初衷，而且那名弟子又不是故意为之，宽容有时就是这么简单。

人生路上，对人苛刻、傲慢，久而久之，没有人会喜欢你。长期下去，就会处于一种被动的局面，这样有什么好处呢？众所周知：得道多助，失道寡助，你容人宽人，收到的回报也是一样。故有一句话：智者懂得包容。

包容是美德，是智慧，是境界。若是让宽容待人的风气传播到每个角落，世界将会绽放光彩，社会成员之间的关系也将更为融洽美好。

律己宜严，待人宜宽

包容，是智者必备品质之一。事事与人斤斤计较，只会惹得众人讨厌。容得下天地，便可在世间自由穿行。因此，不经受雨水洗礼，怎么能见到彩虹？只知抱怨雨天，待彩虹来到之时又如何有欣赏的雅致呢？

村边有条大河，水流甚急，蜿蜒向前。河上只有一座很窄的独木桥可供度过，且一次只能过一个人。

一天，桥两边的两只羊均要过河，并恰好同一时间过桥，在正中间相遇。桥面甚窄，无法穿过。两羊对峙，见对方不愿让路，一羊大喝道："我说，你瞎了吗，看不出来我要过河吗？"

"瞎的是你吧，为什么赖着不让？"另一只羊毫不相让。

随即，战斗开始了。

砰——它们狠狠撞到了一起。

砰砰——两羊身体一斜，先后从桥上跌了下去。

落水之后，连呼救都来不及，两羊便被河水卷入河底，一点痕迹都没有留下。

结局本可以完全不同，若是两羊懂得谦让，退一步，便可都平安过河。然而，只知争强好胜，谁都不愿意让步，只能将自己逼入绝境。包容是一种智慧，一种境界，是调节矛盾的润滑剂，它能给你带来友谊。不仅如此，懂得包容的人，必定会为别人着想，敢于牺牲自我。对人宽容，对自己严格，才是大智慧。

有一句话说，有人的地方就有矛盾，更何况每个环境不只有一个人，矛盾就越发复杂了。因此，能明白"大家好才是真的好，大家得才是真的得，大家乐才是真的乐，大家有才是真的有"其中所包含的道理，才能做到与人友好。

用刀剑去攻打，不如用微笑去征服

有个接受培训的人说："结婚将近20年，这么多年来，从睁开眼到准备出门，我对妻子一直很冷淡，交谈很少。从这点上来说，我是个失败者。"

"想要与人交流，先从微笑上去攻破。这是我最近学到的一点。于是，次日睁开眼，我便提醒自己道：'记住，从现在开始这张脸上不能有忧愁。打起精神，保持笑脸。'早餐时，我笑道'老婆，早啊'，老婆有些吃惊，但继而僵硬的脸舒展开来。"

"上班时，逢人便微笑道声早安，包括保安清洁。微笑面对车上的售票小姐，每上一辆车都这样。走进公司，不管认识与否都微笑以对。"

"没过多久，我便发现每个人遇到我也会微笑以对。微笑待人，宽容处世。哪怕是面对不住的抱怨，保持笑脸，困难便迎刃而解。微笑确实是一件神奇的武器，而我收获的不仅仅是金钱。"

笑是一种力量，是一种语言，是一种触动。别人对你的第一印象往往就是一个微笑。逢人便笑，问题便会简单化，人际关系也会轻松自在。一个面如冰霜，一脸不耐烦，另一个却笑容满面，一脸春风，让你作决定选哪个。毫无疑问，后者总会得到他们想要的答案；面如冷霜的人，就不一定了。

　　微笑代表了一种可能。　笑是一种友好的表达，它可以温暖每个人。　谁都讨厌总是一脸愁容的人，不愿意多接近他们；想要快点融入新环境就多笑吧，想拥有好的人际关系，保持微笑是第一步。　谁不想别人第一眼便喜欢上自己，微笑便是友好相处的第一步，是友善的基础。　没有人际关系便无法成事，通过微笑我们可以探索出第一步。

　　有这样一个实验，为我们揭示了微笑的力量。　两个戴面具的人，面具都是空白的，随后问观众，你们喜欢哪个人，答案相同：不用选，一样的面具，一样的毫无表情。

　　之后，拿走面具，展现的是两种截然不同的心情，其中一个人笑容满面充满活力。　当再问道："那么，现在呢？"答案很肯定，人人都喜欢看到微笑。　笑容常挂脸庞，那突破自我保持不断前进，就不是一件难事。　微笑示人，收获的将是他人的喜爱。

你对待别人的态度，决定了他人对你的态度

人跟人之间的感情是极其复杂的。比如，不喜欢某人，又不希望他知道，甚至还抱着隐瞒别人换取真情的侥幸心理。然而，这是不大可能的。其实，感情是互相的，不讨厌别人，一般来说别人也不会讨厌你。若是你很希望与人亲近，而对方或许正好与你怀着同样的心情。

如此看来，与人交往时，责难对自己不友好的人没有什么必要。宴席上，若没有人愿意搭理你，反省一下，或许你对别人冷漠，别人又怎么会主动亲近你呢？遇到困难时，收不到一声问候，可能就是别人困难时你没有伸出援助之手，导致关闭了友情之窗。

有一位老人经常在小镇的路口边坐着，跟行人聊天。一次，小孙女来陪他。有人路过，似乎打算留在这里。

路人停住，询问道："您觉得这里怎么样？"

老人反问道："你觉得以前待过的地方好吗？"

路人说："以前的镇子，大家都不怎么友好。左邻右里也总是充满闲言碎语，住在那里很不好。我早就想走了，打算离开那个是非之地。"

老人答道："这个小镇也是一样的。"

不久，一辆车经过老人和小孙女身边，车子停了

下来。

一个中年男子下车，问道："这里怎么样？"老人不答，依旧反问道："你以前的地方不好吗？"中年人说道："以前的地方大家都很友好，互相帮助。来来往往，大家都微笑相对，互相打招呼。要不是不得已，我是不会离开的。"老人笑了，道："这座小镇也是这样。"

中年人道谢之后便离开了。他回到车上，车子缓缓驶去。待车子离开，小孙女很疑惑："我不明白，为什么别人问你的问题相同，而你对两个人说的却是完全相反的话呢？"老人笑着说道："住哪里都一样，你的态度决定一切。好与不好，其实是你自己决定的！"

总有人心里只有自己，每天惦记的都是人家对自己如何，而对于别人的感受却从不放在心上。有困难了，想要寻求帮助，不管别人是否有空，或是别人确实不方便，没办法帮他的忙，他便很不满，觉得人家对他不够关心。

各人有各人的路要走，朋友都有自己的事情要做，别人不会围绕着你的生活转。若是遭受冷待，不妨先想想自己。要知道别人怎么对你，主要取决于你如何对待别人。真正的友谊来源于尊重和互相理解。一味追求自身利益，只会渐渐疏远别人。"物以类聚，人以群分""近墨者黑，近朱者赤"，意思很明白，通常情况下，你用什么方式对待别人，别人就会怎么对你。

用命令的口吻说话，只会加深别人的反感

有个老师辞去工作，进了一家私企。因为以前的职业习惯，面对同事、客户时，他总喜欢说："懂吗？""清楚吗？"或是张口便道："不对，你这么穿不得体！"

一天，有个同事忍无可忍："我们不是小学生，你也不是老师，你以后跟我们说话，不要再问我们懂不懂好吗？我们又不是笨蛋！"

或许，好的意见能帮助他人，然而面对陌生的交谈者，或是周围不止你们两个人，不要总是以一副"你应该这样""你应该那样"的口吻说话，否则必然会让对方感到难堪。所以，不要老是以一种"指导"的姿态待人，因为在别人感觉那是一种轻视、看不起，让听者很不舒服，有一种被命令的感觉。不管跟谁交谈，既然相互交谈，就应处在相同的位置。

遇到陌生人介绍自己时，如何一举赢得对方欢迎呢？ 真诚第一。 没有人喜欢虚假做作，交往过程中都少不了真诚。因此，只要任命还未最终确定下来，想要脱颖而出，就应真诚。

与趾高气扬地说"我来"相比，"给我一个机会"显然更能为人接受。 不是很熟的人，不怎么知根知底，故保持一定的克制是很必要的。 何况，"我来"太过霸道，"给我一

个机会"就谦逊多了。 适当时候补充些许亲切热情也是很必要的。 如："你好啊！ 天气真不错！""麻烦你了！ 很累了吧？"虽然没什么内容，却是一种委婉的问候，因此，简简单单的一两句家常问候，收到的成效却是不可小觑的。

主动热情对待同事，别人肯定也能感受得到你的态度！这一印象，很可能就铸就一段坚固的友谊，相比教育命令式的表达这无疑会为你加分不少。

《女王》中有这样一幕：

一天女王回来很晚，进房间时，门已关了，她敲门。房间内的丈夫问道："谁啊？"

"开门，现在除了女王还会有谁来？"

女王有点不悦。

然而里面没动静。她继续敲门，房间内又传来一句："谁啊？"

"我！"女王已经有些不耐烦了。

门还是没开。

女王稍想片刻，这次她很轻地敲了敲门。

"是谁？"

女王温柔说道："你的妻子回来了，能让我进去吗？伯爵大人。"

门终于开了。

这个故事告诉我们，柔声细语的功效是神奇的。

与人交谈要留心，它关乎你的整体形象是否得体。 说什么、怎么说都是学问。你说话有人在听吗？是否经常喜欢指挥别人做这做那的？有人抱怨过你太吵吗？脏话、挖苦、讽刺和阴阳怪气都是不入流的语言，公共场合说这些话无疑给别人留下不好的印象，进而导致大家不愿意接近你。

因包容而避免冲突

拳王争霸赛正上演着一场看似普通的比赛。

交战双方都是美国人，一个年龄较大，叫卢卡，大约32岁；另一个年轻点，叫拉瓦，大约26岁。大战几个回合后，两个人半斤八两，各有千秋。下半场决胜局，拉瓦几次重击，卢卡的脸上伤痕累累。

第一回合结束后，拉瓦立即向卢卡表达自己的歉意。他先帮对手擦干净血迹，又用水为他清洗。整个过程都带着内疚，好像自己做错了什么事。由于上了年纪，体力下降，拉瓦的出击让卢卡一次次倒地。规定是，一方倒下，裁判便计数，时间规定内如果起不来，对方就输了。然而不等裁判数完，拉瓦就主动扶起对手。起身后，双方总是相视一笑，然后继续比赛。

之前的比赛从没出现过这样的情景。

最后，拉瓦赢了，大家都为他喝彩。拉瓦却很平静，他走向一旁的卢卡，把一大束鲜花送给了他。

最后双方相拥，互相祝贺，就像久别的亲人。虽然是对手，但不失情谊。他们紧握对方的手高高举起，向观众道谢。人群激动，报以更为热烈的喝彩声。

懂得包容才是智慧的体现，包容比暴力更有用。宽容待人是大智慧，做到这一点，便能应付不同的人，不断提高自己的威望。摆正自身与他人的位置，才能一直保持谦逊，不断进步。

"丢开责怪的包袱，才能飞得更高。"包容，解放的不是别人，而是自己。

一天，老板命麦克外出谈生意，并告诉他："你需要助手的话，自己挑。"

麦克道："林肯吧。"他的选择让老板很不解。林肯出了名的懒，缺点又多，怎么会选他呢？

麦克解释道："这次生意很重要，林肯本是项目组成员，把他丢下了，他肯定不高兴。他若是搞内部破坏，那后果谁能预料？带着他，给点功劳，他就会安分。于己于人，这么做都不会错。"老板一听，觉得很有道理，对麦克大为称赞。

包容与谦让，是不可或缺的品质。适时地退让与包容绝不代表胆小懦弱，畏首畏尾。将心比心，设身处地，就能做到友善待人，平易近人。以柔克刚，才是大智慧，最终，你收获的将不可限量。

把心放宽，学会克制

生活中，与人交往不可避免，大家位置不同，立场各异，有冲突、矛盾是很正常的。人际关系的不确定性正在于此，稍不注意，就会惹来大麻烦，于人于己都没有好处。

一天正上课时，怒发冲冠的两个男孩纠缠在一起，眼看冲突就要爆发，一人喊道："快松开，老师来了！"他们松开各自的拳头，回到座位上，冲突暂时被制止了。放学后，"肇事者"不约而同地来找老师，老师心想这矛盾还没解决呢，其实老师想错了。

"我知道错了，对不起，我不该一味争强好胜，不知谦让。"一个率先说道。

"对不起，我也知错了，只是小事本没什么好计较的。"另一个也很惭愧。

"你们都知错了？"老师没想到两人转变得那么快，但仍然故作严肃。

"现在想想，太冲动了，您常说，要学会包容，才能与人和睦相处。现在我已经想通了。"他们都这么想。

"很好，具体的细节我就不再问了，都让它成为过去吧，希望你们从中受益。握个手，大事化小，小事化无吧。"

他们真诚地伸出了自己的手，仿佛都很理解对方。

二人又和好如初了。

现实中，经常会由于无法控制情绪，最终导致矛盾激化，甚至大打出手。无意的冒犯，一句不顺耳，都能酿成恶果。要知道，很多案件发生的原因只是因为一时冲动。

马蒂是法国的一名普通警察，一天他便衣出门去市区。他想买包烟，正巧碰到一个要烟的流浪汉。马蒂买完烟，流浪汉便立马上前讨烟。马蒂很奇怪，不准备给他。二人越吵越起劲，气氛开始紧张。马蒂亮出警徽，说："知道我是谁吗，叫你好看。"流浪汉不屑一顾："一个小警察，能把我如何？"最后，两人大打出手。行人见了拉开他们，大伙都说为了一根烟不值得。

流浪汉松开手准备离开，临走的时候叫嚣："笨蛋，来抓我啊！"谁料彻底被愤怒冲昏头脑的马蒂冲了过去，只听到四声枪响，流浪汉怦然倒地……因故意杀人，马蒂将在监狱里度过余生。

一个人死，一个人坐牢，只因为一根香烟。

个人情感总会有起伏。感情，即心中所感，对我们的人生有巨大的导向作用。所以，不懂得克制自己的人必然会犯错。懂得克制自己，才能控制好情绪。没有好的情绪，幸福就无从谈起。心中不悦，还谈什么幸福。因此，所谓的幸福也是一种感情，需要学会控制自身情绪来保证它。

自制，能很好地缓解矛盾，调节情绪，不要把自己看得过重，这样才能做到包容、谦让、理解和爱护他人。

第五章

方即质朴，老实做人，本分做事

质朴做人，本分做事

"是以十九年而刀刃若新发于硎"，《庄子·养生主》中有这样一句发人深省的话，说的故事是关于庖丁解牛的。庖丁到底是解牛的行家，一把已经用了十九年的解牛刀与刚打磨出的新刀没有丝毫差别，这也从另一个角度反映了人生道理。 当我们初入社会时，希望和理想萦绕在胸，随着时间的推移，很多遭受了痛苦的人都不再坚持，质朴的心也随之逝去。 闪烁其词替代了坦诚爽朗，理想抱负消失不见，安分守己的做人原则在不知不觉中也丢失了，取而代之的是窝囊憋屈的人生。

假如你在实际生活工作中修养独立，不因物喜，永远持有一份坦荡光明、纯真朴实的情怀，其实你也可以内修于身、外达于人。 下面的例子或许是最好的证明。

虽然没有较高学历，但这丝毫不影响沈从文先生成为一名学富五车的著名作家和知名学者。他当初只身一人来到北京追逐自己的梦想，在忙于旁听北京大学课程的同时还阅读钻研不少书籍，拜访大家，向他们学习，不断提升自己的文学修养。之后，土里土气的他去现代化的大都市上海闯荡，没过多久，便凭借清新且富有灵气的散文在文坛上谋得一席之地。

1928 年，时任中国公学校长的胡适聘请时年二十六岁的沈从文担任该校讲师。

这以前，沈从文用来刻画真情实感的文字如行云流水般顺畅自然，有很多读者喜欢他的文章，在文坛享有盛誉，却从来没有给学生讲课的经历。他非常认真地准备了人生的第一堂课，精心编写讲义。即便是这样，当他迈上讲台，教室里黑压压的学生映入眼帘时，他的情绪很激动，心里仍不免担心。

看着下面坐着的满怀热情的同学，沈从文紧张得一个字都说不出口，足足沉默了十分钟。之后他讲起了课，但是却非常紧张，只是低下头自己讲自己的，丝毫不敢看台下的学生，也彻底忘记了事先设计好应该在中间插讲的内容。最后，准备充足的一堂课他只用了十五分钟就匆匆了事。怎么度过剩下的几十分钟呢？

沈从文并没有为了硬撑面子而天南地北地旁征博引，他非常坦白地写下了这样一句话："希望大家能原谅，我是第一次讲课，我非常紧张！""紧张"二字说出了沈从文诚实坦率的心思，引来全堂一阵善意的欢呼声……

沈从文的学问、潜质与为人处世，胡适知道得一清二楚，而且胡适还说他这次讲了一堂成功的课，并总是调侃说："哪里失败了，这就是一次非常成功的讲课！"一位学生在听过这堂课后在文章中写道，我们都为沈先生的率真诚实而折服，这堂课给我们的影响不只是一堂课的启示。

这之后，西南联大师范学院和北京大学也先后聘沈从文为师。由于不是"科班"出身,他就不受常规的束缚,而是采用独树一帜的言传身教的文学教育,最终走向了成功。然而,他"成功"的第一堂课,却一辈辈地流传下去,淋漓尽致地展现了他率真坦诚的人生。

俗话说得好,最能打动人心的是老实本分。一位文学大师质朴坦诚的内心在一句"我非常紧张"中得以展现。身处失败的境地,他从来不敷衍,不做作,而是坦然面对,而人们往往能原谅那些诚实可爱的表露心思的人。

不含一丝一毫功利色彩的质朴是这个世界的本色,给人一种天然的原生态的感觉,就像向日葵迎着太阳,鸟儿鸣叫在幽幽山谷,河水哗啦啦地流向远方。他们不受凡尘的约束,浑然天成。一个人的人生不会因社会与环境而改变,不管是谁,都要修养独立,不因物喜,不以己悲,就算是困难重重,也应该一如既往地怀着光明坦诚、纯真朴实的心,做人的最高修养就在这里。

沈从文的生活就是这样简单朴实,然而却充满了意义。"删繁就简"是他人生的最大特征,不受外界的干扰,自己也毫无压迫感,这样的人生是质朴简单而且纯粹本分的。然而,有许许多多欲望和追求萦绕在我们的人生中,我们应该活出真实的自己,大胆追求自己的真爱,认为值得就去努力……慢慢地,我们所拥有的东西不知不觉变得越来越多,而有些东西其实一无是处。那些非必需的东西,在满足我们虚荣心的同时,也将我们的心灵安置在了烦扰的角落。人生就像是一次旅程,你的背包越沉,前进的步伐便会愈发沉重。 因此，为了不让自己的人生之路被疲惫和痛苦折磨得尽失光辉，一个聪明的选择就是抛开所有包袱，简简单单做自己。 所有的东西都源于内心，人生也会因此而更加丰富光彩，这就是做人的本质。

纷纷扰扰的世事充满了我们所生活的世界，虚伪让我们变得尔虞我诈，诱惑让我们变得阴险狡黠，世态炎凉换来了人的冷漠无情。 人苍老的原因就是外界环境和自身内在情绪变化双向作用的结果，只有一如既往地保持内心的平静与质朴，才能使生命之树常青，生命之河永远流淌，人性返璞归真。

简单如一张白纸

"见素抱朴"是道家思想所主张的人生最高境界，意思是抛弃那些对自己毫无帮助而又遭人厌烦的小技巧，将贪婪的心扼杀在摇篮里。倘若所有人都能做到这一点，为非作歹的盗贼便会消失，亦即道家所说的"绝巧弃利，盗贼无有"。

"见素抱朴，少私寡欲"是将绝圣弃智的理念归纳到生命理想中的结果。"见"就是见地的意思，指的是观念、思想；"素"乃纯洁、干净；"朴"的本意是天然未经雕饰且质地优良的原木。大凡圣人超凡脱俗的生命情操便是见素抱朴，秀外慧中，浑然天成，没有后天人工的有意雕饰。

老子主张"绝仁弃义"，圣人不是标榜，修行不是口号。简单的人生就如一张白纸，真修道就是保持孩子般纯洁单纯的心。

我国知名漫画家丰子恺，不光有着丰富的想象力，还保持着一颗纯真质朴的童心。他喜欢孩子，把孩子看得比生命还重要，他作画和写文章的一个重要题材就是自己的儿女。他把"保持童心"作为自己教育孩子的宝贵经验。有这样一段话曾出现在他的《我与新儿童》一文中："人生中最最不能失去的就是童心。每个人都永葆童心，那么温暖、和平和幸福便会充满家庭、社会、国家、世界的每一个角落。因此，我希望我能一直做个'老儿童'，不管世人怎么看我！"丰子恺用这样的比喻教育过孩子，儿童变成成人，就像破茧成蝶的过程，然而青虫与蝴蝶这二者的生活少有相似之处。他希望成年人在对待孩子时，要注重保持孩子的童心，决不能破坏自然界的规律。丰子恺总是在孩子睡觉之前给他唱儿歌；随手画一幅画逗孩子们开心；常常陪小孩搭积木，造房子；还陪他们玩游戏；给他们讲童话故事；并和小女儿一起看"新儿童"，用童话故事引发她的思维，共同玩耍里面的游戏。

我们的祖先认为，"素"就是一张不沾染任何颜色的白纸，纯净无杂是思想观念应时时刻刻保持的状态。"不思善，不思恶"，时刻保持童心，丰子恺的画广受欢迎的一个重要原因大概就是如此吧。

由此看来，做人的心地原本就是天然质朴的，应是我们时刻保持的状态，并用这种方式来待人处事。人生最大的幸福就是拥有这种修养；假如每个人都能把这种态度当作生活的主流，那天下自然太平融洽。

"人之初，性本善"是《三字经》中开篇第一句话，儒家孟子也赞成"性本善"，曾说"人皆有不忍人之心"。试想，看到一个刚刚学说话的小孩左摇右晃地向井边走去，不管是谁，都会发善心将孩子抱离井边。然而，存于人心深处的善性，在受到外界环境的影响下，逐渐丧失了。关于这一点，荀子是这样认为的，"人之性恶，其善伪也。"人生来就有恶的天性，善只是人为故意的，经过后天的学习修炼才有为善的可能性。人的本性究竟是恶是善，可谓"仁者见仁，智者见智"，而人的本性并无善恶之分却是老子提出的一个更为深刻的观点。

善恶之分本不存在于人的幼年，想要改变本性并不容易。常言道"江山易改，本性难移"，人的本性受到外界环境影响之后逐渐形成了善恶之分，有善恶之分的不是本性而是习惯。深藏于内心的东西就是本性，平时感觉到的、看到的表面性的东西都不能称之为本性，然而人却在潜移默化中受到了它的影响，你的大部分习惯、性格乃至人生都受到了它极大程度的限囿。朴素，自然是人生下来的样子，然而由于后天的教育、环境等种种原因，圆满的自然的人性逐渐被雕琢修饰了，原本淳朴的天性因为那些人为的雕琢显得没有了原来的样子。因此，人应该顺应自然和自己朴实的本性，人生中最朴素最自然的东西应该被长久地保存下来。

大浪淘沙沙去尽，沙尽之时见真金，生命本色的宝贵之处往往要在浮华之后才能被人们发现。人的本质是纯洁的，人纯洁的心灵应该像出淤泥而不染的荷花一样不受尘世浮华的沾染。玉不琢，不成器。然而，我们应该保留天性淳朴的本质，不要刻意雕琢修饰，因为只有原木才是最天然的东西，原木中保留着人类最为珍贵的东西，自然的本质不应被外在的雕饰而毁坏。

老实做人，规矩做事

《庄子·应帝王》一书中写道：列子见了有神通的神巫以后，"自以为未始学而归，三年不出。为其妻爨，食豕如食人"。

说的是原本列子有些怀疑老师壶子，打算拜另一人为师。结果壶子向他道出了人生的三个境界，也就是禅宗的三关，列子恍然大悟，跟随老师学习这么多年，所学习到的东西少之又少，因而又悔恨又难过。他并没有垂头丧气，只是内心十分愧疚，还很后悔自己的行为，觉得自己很渺小。于是老老实实地回家悔过，三年里勤奋思考，不断寻找自己的不足，"为其妻爨"，在家里做妻子的佣人，老实规矩，安分守己地做应该做的事。例如，不会做饭便去学做饭，不会洗衣便去学习洗衣。人生在世，这些东西总是必要的。因此列子花了三年时间规规矩矩帮妻子持家。

"食豕如食人。"悔过三年后有什么收获？不管吃什么，已经不能区别出不同味道了，列子每次吃猪肉，都觉得好像是在吃人肉一样难以下咽，因此以吃素代替了吃荤的习惯。

《庄子·应帝王》强调的是得道的境界，从《庄子·逍遥游》开始，庄子就觉得道是超乎天地的神物，不管是时间还是空间都无法装得下道。在庄子眼里，要形容大就要大到想象不到边际，要形容小就要小到人眼所不能见。无论是形而上的道还是形而下的修养，庄子都讲，讲得头头是道，最后得道成功了，才是"大宗师"。救世救人、普度众生与积极入世是大宗师的追求所在，然而，普通的人又会把什么当作自己的追求呢？一个最终的结论由庄子所下——老老实实做人，踏踏实实做事。一个非常好的例子就是上文所说的列子的故事。

此外，圣人庄子还说过这样一句话，"故忿设无由，巧言偏辞"。其含义是，一个人说话，为什么会引来听者的不满？宁静安适是一个人心灵原有的状态，有某一句话说错了，"忿设无由"，心理的平静就被打破了，愤怒也就升起来了。"巧言偏辞"，他人的愤怒因偏激的话而爆发出来，"偏"的意思是过分，恭维一个人过了头不对，批评一个人过了头也不对。"巧言"不会受到那些有智慧的人的欢迎，其实庄子就是要告诉人们做事要踏实，最成功的不是花言巧语而是老实做人。

的确，古往今来，老实人才是天下最成功的人。有些人投机取巧，只会迎来灾难和祸害，其实生活的本质并不复杂，简简单单就是真。

晏殊是北宋时期著名的文学家和政治家，他以"神童"名义被推荐给朝廷时只有十四岁。以他的盛名，不参加科举考试也可以在朝廷做官，但他放弃了，毅然决然地走上了科举之路。在参加考试的过程中，当他看见试卷上写着自己做过的题目时，就向考官表明自己已经做过了，这对别人不公平，要求改换预备卷，他的诚实被皇帝了解后，皇帝对此赞叹有加。

晏殊凭借自己的才华和修养赢得了朝廷的重用，但是，他并没有停止学习的步伐，每日办完公事，就回到家在书房中学习。这个情况传到了皇帝耳中，皇帝觉得他是个难得的人才，便任命晏殊担任太子手下的官员。当晏殊去向皇帝谢恩时，皇帝又称赞他能够闭门苦读。晏殊坦言说："我也是非常喜欢宴饮游乐的，没有参加的原因是家中贫困没钱。皇上对我的夸奖，我是没有资格受用的。"他以自己的真才实学和朴实诚挚受到了皇帝的绝口称赞，皇帝认为他是国家栋梁，最后将宰相一职交由晏殊担当。

不少人都认为老实是愚蠢的表现，在他们眼里，老实巴交的人不仅吃亏，还很倔强，不懂得变通。而晏殊的经历却摧毁了这些人的谬论，晏殊在仕途中的平步青云正得益于诚实。晏殊的经历告诉人们，老实人是会吃亏，但都是小亏，那些投机取巧的人是会占便宜，却也只是占些小便宜。老老实实是人应该采取的人生态度，将老老实实当作自己的做事原则，才能够脚踏实地，慢慢靠近成功。

的确，我们以什么样的态度对待别人，别人就会以什么样的态度对待自己，这就是正理，人生会以我们对待它的态度回报我们。因此生命并不复杂，只要我们不要小聪明，踏踏实实做事，老老实实做人，这就已经足够。

如果你用投机取巧的方式对待生活，生活同样会见招拆招戏耍于你；相反，生活会诚恳地对待那些忠厚老实的人。

常言说得好，老实人往往是天下最成功的人。那些不要心机的人，总是老老实实地待人接物，因此很容易成功。而且，任何人都会喜欢老实人，这与聪明与否无关，正如坏人也喜欢好人一样，"笨小孩"会受到老天独特的偏爱。

我们自己的生活有时候也会被自己把玩，对于自己的能力和过去成功的经验我们抱有充分信任，炫耀着自己的技巧，然而却无法预料船在何时倾斜以及我们何时会失去机会。

做人难，难做人，一个需要我们深思熟虑的问题便是选择做规规矩矩的老实人还是在人生舞台上做出高难度的杂耍动作？不管世界变化成什么样子，也不管天地万物经历怎样的沧海桑田，正确的答案最终会显现出来，所有的一切都会随着时间的流逝被澄清证明。古今中外做人做事的道理长篇累牍，并且都有其屹立不倒的理由和根据，但褪尽浮华，我们就不难发现，"老实做人，规矩做事"才是真正的做人之道。

低调做人，高调处世

"不自矜，故长。"所谓"自矜"，指的是傲慢狂妄。一位世界级的人生学专家曾经说过这样一句话，做人和处世是人一生中能确立自身根基的两件事。纵观古今中外，"高调处世，低调做人"是人保全、发展并成就自我的真理。

常言道，"捧着一颗心来，不带半根草去""尽人事而随天命"，正是生动而准确的注解。我们能从所有成功人士身上发现高调处世和低调做人的影子，高调处世是一种境界，低调做人则是一种气度。

低调做人的原则并非表面上的做事退缩，眼睁睁看着别人剥夺强占自身利益，即使别人侮辱菲薄了自己，也不予反抗，真正的低调绝不是这样的，这只是懦弱的表现。所谓的做人低调就是指不招摇，不炫耀自己的小能耐。

所谓的高调处事，也并不意味着用喇叭告诉所有人你的所作所为，而是一个人要对自己所做的事情看得很透彻，把握其根源和关键，专心致志于自己胸有成竹的事，把事情顺利地完成；假如做事情没有把握，就应该三思而后行，多听别人的意见，多请教高手，如果还是无法取得较大的把握，那就只能是边做边摸索，依靠自己的聪明才智解决问题。

担心别人夺取自己劳动成果的心理忧虑是不应该的，有很多事情谁做谁不做大家都看在眼里，虽然嘴上不说但是心里是很清楚的。也不应该担心背黑锅，有很多事情都是有源头的,该谁负责任就谁负责,都无法逃脱,如果轮到你承担,这也是你承担能力足够强的表现。

做人是做事的先决条件,做好事往往以做好人为前提。做人要低调谦虚,做事要高调有信心,事情做好了,为人处世的水平才能登堂入室。

有这样一个值得我们深刻体会的寓言故事。

有两只大雁和一只青蛙成了朋友。秋天来了,要飞往南方过冬的大雁对青蛙说:"如果你能和我们一起飞往南方过冬该多好啊!"青蛙想到了一个好主意,它把一条树枝横放在两只大雁身上,然后自己用嘴叼在树枝中间,这样三个好朋友就一起飞上天了。那些地上的青蛙看到后不由得绝口称赞,说:"这两只大雁好有智慧啊!"在天上飞的青蛙听了后非常生气,只怕别人不知道自己的功劳,就赶快说:"这是我……"只说了半句话就没音了,因为它已落到了地上。

这则寓言告诫人们:做人要低调,吃亏往往是因为骄傲自负、过分张扬自己。

做人低调才是人生的最高境界,那是一种风度的体现,一种修养的体现,一种看天边云卷云舒的超然胸襟,一种宠辱不惊的情怀。 那些低调的人,总是不为外界浮华的世俗所纷扰,从来都是用兢兢业业、小心谨慎、谦逊和蔼的心态为人处世,内心一直都认为自己只是一个平凡得不能再平凡的小人物,做什么事情都非常低调,不显摆,不张扬,正确做人的标准和艺术在他上面体现得淋漓尽致。

在现在这个社会，张扬个性以及自我表现受到了很大程度的提倡。因此，当一个人与他人相处时，一旦稍有不慎就会凭空添堵，带来很多不必要的麻烦，工作甚至职业生涯都会受到不同程度的影响。因此，与人相处，低调是我们应谨记于心的准则！

在富兰克林成为美国开国元勋之前，那时候的他年轻气盛，去拜访德高望重的老前辈时，他昂首挺胸脚步急促地向一座低矮的小茅屋走去。只听"嘭"的一声，门框刚好撞到富兰克林的额头，由于用力很猛，再加上他的注意力没在门上，头被磕青了好大一块。和蔼可亲的老前辈连忙出来迎接他："很痛吧？你知道吗？你这一磕是你今天来拜访我的最大收获。学会低头是我们洞察世事、为人处世的一个重要准则啊。"富兰克林铭记了这一次人生经历，并借此取得了辉煌的成就。

低调做人，是一种谦逊的品格、一种豁达的胸襟、一种高深的智慧、一种全面的谋略，是做人的最高境界。稳固的根基是枝繁叶茂和硕果累累的保证；枝残叶稀、弱不禁风的树木往往是因为根基浅薄。在社会中不断巩固根基的一个好方法就是低调做人。低调做人，对自己、对别人都是有好处的，既能保护自己，又不伤害别人，大家可以在一个相对和谐的环境下相处，使得事业在不知不觉中得以成就。有些人会对"低调做人"有误解，他们误以为低调做人就是要放弃原则，这样一来很不划算啊？ 然而真正长远的事实却与此相反。

有位将军在战争时负责断后，保证军队安全撤离。军队回朝后，他的英勇善战受到了人们广泛的赞扬。将军却说出了另一番让人们震惊的话："真正的原因不是我勇敢，而是马不前进。"

将军以马走得太慢来替代自己断后无畏的行为。 实际上，这种低调的行事方式，是绝对不会让将军的英雄形象在老百姓心目中打折扣的。 反过来，将军谦逊低调的高贵品格受到了更多人的敬仰。

一种可贵的行为理念以及高尚的人格蕴含在低调做人之中。

想要真正做到这一点，一定要严格要求自己，谦逊含蓄，不宜骄傲自满。

低调做人，面对世间纷纷扰扰能抱有一颗平和淡泊的心，人生若能达到这样的境界，那么他就已经不是一个普通人了。 在他眼里，达则兼济天下，穷则独善其身，处境不好，他也能安贫乐道；处境好，他也不因一时的显赫就表现得狂妄自大、趾高气扬。

中国的一大传统美德就是低调做人。 东晋的五柳先生陶渊明，他怎么就选择回家种田了呢？ 是因为没有才华或是能力吗？ 非也，他不愿意在浮华的尘世之中磨灭自己的天性，不为五斗米折腰的他选择隐居山林，悠然采菊。 他卓越的才能被敛藏起来，也让自己的天性受到了保护，让人生能安然从容、平和祥宁地绽放。

低调做人既能让我们保全生命，与他人和睦相处，又能帮助我们将无限的能量储藏在自己的身体里，在适当的时候发挥光热，丰功伟业在不知不觉中得以成就。

学会低调做人，一定要学会韬光养晦，深入浅出，如此一来既能敛藏能力也保护了自己。

三国鼎立时期，曹操的谋士杨修很是有才，大家一致认为他才华横溢、能力卓著，然而，他的结果却是非常惨的，这是什么原因？过于高调是杨修失败的重要原因，四处炫耀自己的才华，下场往往是害人害己。

要记住，不管何时何地，自己都是一粒微尘，被埋没的痛苦往往产生于老把自己当作珍珠。这也就是说，低姿态是某些时刻所必需的，那并非是懦弱和畏缩的表现，而是一种聪明的处世之道，这是人生高深智慧和高远境界的体现。

提倡低调做人，并不是让你做"老好人""各人自扫门前雪，莫管他人瓦上霜""明哲保身""不求无功，但求无过"……相反，那种懦弱中庸的"老好人"性格需要摒弃庸俗的作风，要成为一名有原则的人！提倡低调做人，与消极低沉和墨守成规无关，而是要乐观积极，求真务实，兢兢业业地完成好每份工作。自信、自豪却不自负、自满，低调而不低沉，这才是正确的心态！

低调做人，高调处世，广阔辽远的天地因此而获得，想要做出一番事业，关键就是要保持低调，我们的生命也会因此变得蕴涵深重、充实多彩。这样一来，我们做人的焦虑和处世的惶惑也就烟消云散了。

脚踏实地,不务虚名看实质

庄子去见鲁哀公。鲁哀公傲慢地说:"当今天下,要说儒士可谓是鲁国最多,然而信奉先生学说的人却很少。"庄子却不这么认为,他说:"此言差矣,鲁国并没有多少真正的儒士。"

鲁哀公感到很诧异,穿儒服的鲁国人遍及全国,难道庄子看不见吗?庄子说,带圆帽子的儒士大多了解天文,穿着方鞋子的儒士大多了解地理,行为果断的人腰上用五色丝带系着玉佩。你不如昭告天下,处死那些毫无儒士道术却装模作样穿儒服的人。

鲁哀公按照庄子所说的拟写了诏书,榜文贴出去没几天,穿着儒服站在公门外的只有一个人。鲁哀公将他请进来,问他国家大事,他都对答如流,这时庄子发言说:"泱泱鲁国,却只有一个真正的儒者,确实很少啊。"

上面的故事告诉我们:在对待事物时,应该透过外表现象观察内在的本质。想要真正做学问,就要专心致志,不能只追求表面功夫,内里的真才实学才是真正重要的。

俗话说得好,"远看衣裳近看才"。辩证的哲理蕴含其中,在现实生活中,过于注重表面不注重实质的人大有人在,因此,在判断现实中的很多事情时都不能只看形式,即使在伟大的孔夫子身上也发出过"以貌取人，失之子羽"的感叹，举世闻名的哈佛大学也不例外，甚至一座宏伟的大楼因此而失之交臂。

多年以前，一对身着普通服装的老年夫妇在没有事先约好的情况下，就直接去哈佛校长办公室拜访他。校长秘书在很短的时间内就武断地认为堂堂哈佛不可能跟这对乡下夫妇发生业务关系。

老先生很有礼貌地说："请让我们见校长一面。"秘书非常不耐烦地回答："校长没有时间。"女士说："无妨，我们再等等吧。"

过了很久，傲慢的秘书仍然不理会他们，希望他们自己识趣地离开，就此作罢。但是，结果完全不是他想的那样，两位老人耐心地等在外面。秘书最后通报了校长："兴许他们受到您接见后就会离开。"

校长觉得，他们如果不见到他，是不会死心的，就无奈地同意了，校长同样表现出一副傲慢无礼的姿态。女士告诉他："尊敬的校长，我们的一个儿子非常喜欢哈佛大学，而且也曾经在此读过一年的书，哈佛给了他十分快乐的生活和幸福的回忆。然而不幸的是，去年他在一次意外中离开了世界。我们夫妇希望在校园中能为儿子立一个纪念物。"

校长听过之后，没有表现出任何的同情之心，反而蔑视地说："太太，为每一位在哈佛上过学的人竖立雕像是不可能的。假如我出于同情答应了你们的请求，自然会有更多的人来提要求,那我们的校园与墓园有什么差别呢?"

女士马上回答说:"你想错了,我们不是要为自己的孩子竖立一座雕像,为哈佛捐建一栋大楼才是我们的真实目的。"老夫妇身穿的条纹棉布衣服和粗布西装被校长看在眼里,他边叹气边摇头说:"难道你们不知道修建一栋大楼要花费七百五十万元吗?"

此时此刻,太太低头不语了。校长为能将他们打发走而暗自庆幸。然而出乎他意料的是,这位女士转向她丈夫说:"既然修建一等到检查期一过就一切恢复平静座大楼只需要七百五十万,那我们就建一座大学来纪念我们的儿子,也不是很好吗?"她的丈夫同意了,而哈佛校长却是满腹疑虑。

这之后,斯坦福先生和夫人离开了哈佛,为纪念他们的儿子而在加州修建了斯坦福大学。

古今中外,这样的故事比比皆是,它让我们警惕,在和别人交往的时候,只看外表和外在的东西是不正确的,必须要注重实质,同样的,我们要真心实意地为所做的事付出,切不可沽名钓誉,鱼目混珠。

古语有云:"行善积德"。 这句话的目的在于劝人积德行善。 古时候,碰上灾年,有些富裕的大户以捐米赈灾的方式解救那些饥寒交迫的灾民,这些都是善举。 碰上丰收年,又有"放生",也就是将鱼、乌龟放回到江河中,将鸟儿放飞到大自然中,这也是善举。 后来,有很多人在大年初一这一天将鸟雀放还到大自然中,并取了个"爱生灵"的美名。

春秋时期,晋国在邯郸建立了都城。有一位名叫赵简子的大臣,特别喜欢在大年初一这天放生鸟类,于是就让老百姓捉斑鸠送到他府中。大年初一这天,赵简子的府第挤满了邯郸城的普通老百姓,他们都是来进献斑鸠给赵简子的,这样就可以赢得他的欢心,从而得到赏赐。每逢大年初一,进献斑鸠的人从早到晚都没有停过。

赵简子的门客在一旁站了很久,向他询问这么做的原因,赵简子回答说:"大年初一放生,能表达我爱护生灵的仁慈之心嘛!"门客接着说:"您这么心疼生灵,的确难得。可是大人您是否想到,倘若您拿斑鸠放生的事被全国老百姓知道了,大家都争先恐后地追捕斑鸠,那就会有许许多多的斑鸠被打伤甚至打死!您要是真的想表现仁义之心,想救斑鸠一命,就下一道命令,禁止大家捕捉斑鸠。像现在,老百姓受到奖励而捕捉斑鸠送给您,您再放生,那么大人您对斑鸠人为造成的灾祸远远超过对它们的仁慈啊!"

门客的一席话让赵简子对仁慈有了新的认识,经过一番思考,他觉得门客的话非常有道理,慢慢地点头说:"没错啊。"

上面的故事就揭露了某些人只重外在形式,忽略实质,盗名窃誉的虚假德行。

然而形式主义在现实生活中大肆蔓延，大家都会走进一个误区，那就是感觉做事都是做给别人看的。有些官员想要获得政绩，就匆匆忙忙地搞建设，完全不考虑这样做的后果，这样做是否对百姓有用，于是一些不堪一击的豆腐渣工程也就由此产生。还有一些官员为了应付上级检查，便很快搞一些新鲜的东西，一丁点实质效果也没有。

做人亦是同样的道理。盲目追求形式只会使自己腹中空空，只有那些脚踏实地、拥有真才实学的人，才会在变幻诡谲的环境中波澜不惊，并最终取得成功。

伟大源于平凡

在老子看来,"小"或"大"都可以用来理解道。"道"讲究的是无欲无求,不炫耀自己,从来没有高人一等的想法,讲究的是谦卑自守,低调行事,甚至觉得自己微不足道,因此万物在它面前都感到无拘无束,都乐于归附它,它由此包容囊括了世间万物。

"道"是伟大与平凡的结合体,平凡得随处可见。它没有形状,没有颜色,它不需要用声色相挑逗。没有名利诱惑,也没有武力威胁,所有的事情都顺理成章,让万物按各自的规律繁衍生息,一切都那么和谐安详。

世界上最具权威性的大奖诺贝尔奖,成为许多科研工作者为之奋斗的目标。2002年,诺贝尔化学奖颁发给了一个十分普通的人——田中耕一,这就像是把一颗石子投入到了平静的湖面,一圈圈波纹随之散开了。

我们在惊叹之余,不妨想一下,一个在世人看来普通平凡的人能取得这样辉煌成就的原因是什么呢?

答案就是:伟大源于平凡。

有这样一首诗:世界上最不值钱的是沙子,然而它却蕴藏着世界上最珍贵的黄金。既不是教授也不是硕士博士的田中耕一,只不过是日本社会底层的一名普通工程师。这个芸芸众生中的普通一员,就如同埋藏在沙子中的黄金一样可贵。田中耕一在获奖前一直都默默无闻,然而不鸣则已,一鸣惊人。 获奖后田中耕一名声大噪，这也招来了很多人羡慕的眼光。 世人诧异为何一个小人物能够获此殊荣，但也明白坚持不懈、潜心研究才是他获得成功的原因。

爱尔兰著名作家萧伯纳曾经说过：信心能把平凡变为伟大，把普通变为神奇。 田中耕一从来不奢望自己要拿什么奖，他只是依靠着对科学的信心和坚持不懈地进行科学研究，诺贝尔奖就是他辛勤汗水的结晶。 放眼古今中外，每一个功成名就的人都用辛勤汗水将"坚持不懈"四个字写在了人生的每一页。

每个人都十分普通平凡，伟大是我们前进的动力。 但是，有很多人抱怨：日常的工作怎么那么平凡琐碎呢？ 事实上，只要我们兢兢业业地对待平凡工作，伟大同样会被创造出来。

平凡并不是平庸，平凡之中孕育着伟大。 只有懂得平凡，才能成就真正的伟大。

在人的一生中，短暂的是辉煌，永恒的是平凡。 以锲而不舍、努力奋斗的精神奠定平凡的基石，以持之以恒、自强奋进之心构筑平凡的阶梯，才能从平凡中创造出伟大。

实际上，"道"的平凡成就了它的伟大。 假如帝王能够将"道"的这种伟大与平凡用在治国的策略上，那么天下就会太平，老百姓也在这种贤明君主的带领下获益，伟大依旧会因为平凡而诞生。

如果"道"这颗平凡却伟大的心能被领导者所拥有，那么他就能做到民贵君轻，百姓的首肯和意见成为衡量所有事的标准；如果当今社会的官员能够将平凡和伟大结合在一起，那么他就不会为了面子、形象、政绩而去搞一些无谓的工程，这样，百姓就没有沉重的纳税负担和徭役之苦，老百姓才会有饭可吃、有衣可穿、有房可住、病有所医、子有所教，这不是很和谐幸福吗？

不仅领导者，老百姓也要悟"道"。但"道"究竟是什么样子？

"道"有它自身的美，有时它像音乐，一旦你领悟了它，便觉得美妙如同天籁，孔子当年听闻了韶乐之后就"余音绕梁，三月不知肉味"；"道"又如同千年陈酿，香飘万里，就算是匆匆赶路的人，也会停下前进的脚步，将赶路的事抛到脑后。

总而言之，"道"是一种需要用心去体味的东西，语言是不能够叙说清楚的，假如你轻而易举地用语言就把它表达出来，那就不是"道"了。虽然道无色无形，然而，你只要真正的心领神会，无异于获得了一笔宝贵的财富。

以真示人其心亦真

一个人不可"挟心而与天下游",这就告诉我们在生活中要学会"以真示人"。但很多人都自认为聪明,认为所有的人都会相信自己的诡计,其实,人的智慧大都相差无几,他是很难瞒过天下所有人的。捷克作家米兰·昆德拉说:"人类一思考,上帝就发笑。"因此,一个人在这个社会上生存,最好不要对自己的欺瞒抱有太大的信心,还是以真示人,但求无违我心为好。

东晋时,王家拥有很高的社会地位。因此,当时的太尉郗鉴,就想在王家挑选女婿。郗鉴这个女儿,才貌双全,郗鉴似如掌上明珠,就想给她挑一个如意郎君。郗鉴觉得王家和自己情谊深厚,又同朝为官,就想从他的子嗣中挑选一个。一天早朝后,郗鉴就把自己择婿的想法告诉了王丞相。王丞相说:"那好啊,您到家里任意挑选吧。只要您选中了,我就马上准备婚事。"郗鉴就命心腹管家带上重礼到了王丞相家。王府子弟听说郗太尉派人觅婿,都仔细打扮一番出来相见,大家数了数,发现少了一个人。

王府管家便领着郗府管家来到东跨院的书房里,就见一个袒腹的青年人仰卧在靠东墙的床上,并不关心太尉招女婿这件事。郗府管家回去向郗鉴回报:"王家的少爷听到了相公要挑选女婿的消息以后,个个都打扮得齐齐整整,唯有东床上有位公子,袒腹躺着若无其事。"郗鉴说:"那个人就是我所要的好女婿!"原来这个无动于衷的青年人就是王羲之。郗鉴来到王府,见到王羲之既豁达又文雅,才貌双全,当场就决定把自己的女儿嫁给他。

王羲之并不因有人来挑选女婿就刻意打扮自己,他的真就在这里显现出来。 一个以真示人的人总会碰到他们意想不到的惊喜。 在这个世界上,每个人都是独一无二的,每个人都有自己的独特个性和特色,我们不必去寻求这样那样的机心,不管对人还是对物,我们都应该用自己的真心。 事实上,只要我们在遵守团体规则的前提下能够保持自我本色,那么美好的人生肯定在不远处等着我们。

外曲还须内直

在《庄子·人间世》一篇中,庄子假托孔子与其弟子颜回进行对话。颜回被孔子当场一骂,有点领悟了人生的道理了:"然则我内直而外曲,成而上比。"内在方直而外面曲成,这就是"外圆内方",跟人家接触和蔼一点,里头还是修我的道。这样的做法并不矛盾。庄子提出三个要点:一是"内直";二是"外曲";三是"成而上比"。

在这里我们除了要领会"外曲内直"四字外,还要重视一点,那就是庄子隐含了一层意思,即内里必须正直,如果缺乏这个,便失去了做人最根本的东西,"外曲"也就无法做到了。其实,内直是外曲的中轴线。

一个人如果能够做到处世八面玲珑,而却始终不忘自己的原则,那么他就已经达到了一定的人生境界,外事外物都无法动摇他的初心。历史上就有这样的例子,其发生的时间地点是在两千年前的魏国大殿。

魏王攻占了一座城池,于是设宴款待群臣,席间,魏王问文武百官:"你们说我是明君呢,还是昏君呢?"百官怕得罪君王,纷纷夸奖他聪慧过人。正当魏王飘飘然时,问到任座,正直的任座却说:"大王是昏君。"魏王十分奇怪地询问原因。任座说:"大王取得了城池,没有按顺序分给您的弟弟，而是分给了您的儿子，所以我说大王是昏君。"魏王恼羞成怒，命令手下把任座赶了出去。

接着魏王又问下一个臣子，这位大臣说："大王是明君。"魏王心中暗喜，赶忙问这位大臣何出此言。大臣说："臣曾听说明君手下多出直臣。现在大王手下有像任座这样的直臣，可见大王是明君！"听了这话，魏王急忙把任座请了回来。

这段旧事记载在《资治通鉴》中，那些趋炎附势的大臣说魏王是明君，完全是出于保全自己与升官发财的私心，对君王的明智完全无益。 任座敢于不畏权势，直言进谏，非常了不起。 但因为他的话完全无视君王的脸面，所以不但没起到作用，反而被赶了出去。 而后一位大臣显然有更大的智慧。 他心里能够明辨是非，为了使魏王能够纳谏，他顺从了魏王的心态，先说他是明君。 但他所说的话并不是为自己争取利益，所以他与那些趋炎附势之徒有本质区别。 然后他在解释中婉转地告诉魏王他就是个昏君，明君应该如何做。 所以这位大臣的策略值得我们学习。

上文中第一种人一心曲意逢迎，过于圆滑狡诈；而任座过于刚正，险些因之获罪；最后一位大臣，柔中带刚，他的做法是最上乘的处世之道，即内方外圆之道。

方是做人之本，我们的脊梁就靠着这方支撑起来；圆是处世之道，是妥妥当当处世的锦囊妙计。 只有内方，具有正直的品格，我们才能无愧于天地，但是月满则亏，水满易盈，过于刚直则易折，因此凡事要学会变通，不能一味地固执己见，要讲究圆融，即外圆。外圆是以万变来处理内方这一不变。懂得这一道理，我们就能更好地处理人际关系。

第六章

方即正直，光明磊落，坦荡做人

正直做人，聪明讲话

儒家的主题思想是行为圆润，为人正直，例如直截了当地给人提意见是一件好事，可是需要在起到作用的同时还要把话说得恰到好处，这就是智慧的力量。因此在为人正直的前提下，还要知晓提意见的技巧，因为忠言往往都有些逆耳，直谏也需要技巧。儒家思想告诉我们，只要掌握"勿欺而犯"的原则就好了。"勿欺而犯"的典故来源于《论语》，子路问事君。子曰："勿欺也，而犯之"。有些人奴颜婢膝，只是为了讨好对方，而不去考虑是否损坏其他人的利益，这种做法是不符合君子之道的。因此当子路问孔子如何侍奉君主时，孔子对他说："可以通过直言而不是欺骗的方法来规劝他。"唐代名相魏征可以说把"犯颜"表现得淋漓尽致。太宗时任谏议大夫、检校侍中的魏征，带领众人修订了周史、隋史等，书成，升任左光禄大夫，封郑国公。魏征在为人臣时，敢于直面进谏，太宗的很多错误都因为他而避免了。我们举几个关于魏征直言进谏的故事，从中去领略一下古人游刃有余的"犯颜术"。

太宗非常敬佩魏征，但同时又有些害怕他。某天，有人给太宗进贡了一只雄健俊逸的仙鹤，太宗让仙鹤在自己的身边跳来跳去，但是正玩得开心的时候，魏征突然来了。太宗害怕魏征对他玩耍仙鹤有不满的情绪，但又没有时间回避,情急之下,只好把仙鹤藏到自己怀里。魏征其实已经看到了,便故意拖延商谈公事的时间。太宗不敢把仙鹤放出来,结果鹤被活活憋死了,太宗也只是觉得惋惜,并没有因此对魏征心生恨意。

贞观六年,大臣们都觉得去泰山封禅可以歌功颂德,所以都怂恿太宗前去,但是魏征极力反对。太宗感到很奇怪,于是问道:"你反对我去泰山封禅,难道是因为我国家未安、德行不尊、四夷未服、年谷未丰、功劳不高、祥瑞未至吗?"魏征说:"您当然有上面所说的六种功德,可是隋朝末期天下大乱的影响至今还残存在民间,国家的元气并未恢复,国库现在也很空虚,而车驾东巡,千骑万乘,百姓们根本不能承受这么庞大的耗费。况且陛下封禅,必然万国咸集,远夷君长也要扈从。而如今中原一带,人烟稀少,灌木丛生,众多国家的使者见到我大唐竟然如此羸弱,岂不产生轻视之心?如果赏赐不周,就不会满足这些远人的欲望;即使免除赋役,百姓们为此事所消耗的财物也远远补偿不了。陛下您会舍得做这样图虚名的事么?"不久,正逢中原数州暴发洪水,封禅之事从此停止。

贞观七年,王珪病逝,魏征接替其侍中一职。等到年末,中牟县丞皇甫德参向太宗上书说:"修建洛阳宫,劳民伤财;收取地租,赋税严重;妇女喜梳高髻,是受官人所影响。"太宗看完之后很生气,对大臣们说:"德参想让国家不役一人,免除赋税,富人无发,才能达到他的愿望。"于是就想治皇甫德参诽谤之罪。魏征听后谏道:"从古至今能触动君王的心的只有偏激的上书。所谓狂夫之言,圣人择善而从。这个道理还请陛下您好好想想啊!"最后魏征还特意说:"陛下最近不爱听直言,虽勉强包涵,已不像从前那样豁达自然。"太宗的怒气平息下来之后,感觉魏征所言有理,便转怒为喜,不但没有把皇甫德参治罪,还将他的官职提升了。

能使得听者敞开心扉接受的,智者之名才能非他莫属。否则苦口婆心说了一通良言,却没有人真正在意,还给自己带来麻烦,真是没有必要。就像《红楼梦》里贾宝玉所说的,文臣以死进谏,武臣以死作战,都是不明智的举动。真正的忠义,绝不是凭借一时的冲动鲁莽行事,而是体现在说的和做的有实际的意义。

很多人称颂着一代谏臣魏征的正直和敢于犯颜,但是一旦仔细审视,便会知道,他所提的建议都能命中要点。这才是他能成为一代谏臣的原因,深藏在他语言里的智慧,让听者能够不由自主地接纳。

对上忠诚,勇于进谏是作为一个君子必备的素质,但在表达这样的意愿时,讲究技巧,避免为自己招来祸患也很重要。太过朴素直接的表达方式,往往会产生不好的影响。

言必信，行必果

近代学者梁漱溟先生曾说，"人与人相与之情厚"是中国文化的最大特征，意思是大家相处时感情很好，根基很深，而信任则是人与人能够亲厚的基础。没有信用的人，在社会上很难立足。所以，自古至今，诚信教育常被父母摆在很重要的位置。如曾子教育他的孩子便是例证。

一诺千金，说话算话，不管对象是谁一定要去实现它。信口开河，言而无信，会让自己丢掉诚实，且再也不会有人与你真心相处。诚信在古人眼中很重要，言必信，行必果，大丈夫一言既出驷马难追，诺言甚至要用生命来捍卫。

张劭和范式同在太学学习，因心性相和，两人结拜为兄弟。后来二人分别返乡，张劭答应在第二年重阳佳节之际去看望范式的双亲和孩子。拜见的时间快到了，范式和母亲准备了丰盛的酒菜招待张劭。

然而，日薄西山，新月悬空，张劭还没来。母亲开始担心：两年的离别时间，相隔千里他就那么值得你相信么？范式坚定地说：他会信守承诺的，违约不是他的作风。直至深夜时分，固执等候的范式终于看见一黑影隐隐飘然而至，定睛一看居然是张劭的魂魄。原来，事物繁忙的张劭，竟忘了当时的承诺，当日早上回想起来，却发现千里相隔，一日之内必不能到。为了守约，他用了古人的方法：鬼魂能日行千里，做人不能行之事。便用刀自杀，变成鬼魂前来赴约。

"愿你不要记恨我的大意。为了我无论如何也要来见你，你去我的老家山阳看望一下我的遗体，让我瞑目吧。"然后，他的魂魄就走了。范式来到张劭的尸体旁，自愧害死了兄弟，便以生命来回报这份情。大家十分诧异，将二人葬在一起。汉明帝听说此事，很欣赏他们对诺言的坚守，便命人为他们在墓前建了"信义祠"。

信，人之言为信，言而无信则非人。诚信能使人的生命因此焕发光芒。诗人海涅曾说："谎言中无法开出生命之花。"人的良知因谎言而埋没，失去他人的信任，生命也因此失色。

做人要一诺千金，信守诺言。正所谓"大车无輗，小车无軏"，輗和軏对车至关重要，没有横杆的大车，没有挂钩的小车，是走不动的。这同样适用于人。"信"是做人、处世、为政关键之所在，一个人失去了信用，就像是失去了做人的基础，长此以往，必然没有人愿意和他交往。

生与义的博弈

"生，我所欲也；义，亦我所欲也，二者不可得兼，舍身而取义者也。"几千年前在生与义的取舍中，孟子浩然潇洒地选择了义。匈牙利著名诗人裴多菲有一首诗也道出了这一难得的精神，在革命时期鼓舞了众多的有识之士："生命诚可贵，爱情价更高；若为自由故，两者皆可抛。"

孟子的观点是，义高于生命又与生命一体。"义，并非事实存在，而是出于主观的情理。所以义是存在于我们心中的。"但义从何而来？孟子非孔子那般玄妙，他是直言不讳的。战国时期纵横家的辩论气势闪烁在他的身上，在与告子的辩谈中他提出了很多重要的观点，其中就包括义的由来。

告子说："食色，性也。仁非外在的原因所引起，它产自内心；义却不是生自内心的，反而来自外因。"

孟子说："为什么仁和义的产生有这样的差别？"

告子说："他（比我）年长，我便尊敬他，'尊敬他'的念头并没有预先在我心里；好比他（肤色）白，我说他白，是因为肤色的白从外观是可见的，所以说外因引起（义）。"

孟子说："白马的白与白人的白没有区别；不知道对老马的尊敬和对老者的尊敬有什么不同吗？再说，义是存在于长者那里呢，还是实施这种尊敬行为的人内心有义呢？"

告子说："爱我自己的弟弟，不爱秦人的弟弟，这是出自我的意愿，所以说（仁）是生自内心的。同样，尊敬楚国人中的长者和自己的长者，此时行的义是因为对方年长的缘故。"

孟子说："爱吃秦国人烧的肉和爱吃自己做的肉差不多，这种情况很多，那么也是由外因引起爱吃肉的吗？"

在这场辩论中，孟子对义做了清晰的阐述，认为义是主观的而非客观。故义非在外而在内也。义和仁一样，都是发自内心，共同引领人向善的，究其本质，就是为了使内心安定。谁也不愿在平滑的人生轨迹中突然间中断宝贵的生命，但是在人生道路中，有时一些东西即使叫我们以命来换取也是值得的，不然，生命会因为没有义而显得苍白无力。就像孟子说的"学问之道无他，求其放心而已"。哪怕用生命来捍卫，有义在内，三尺心田便也平静了，即便死了也具有一种悲壮的气概。

秦末，韩信进攻齐国。齐军战败，齐国的将领田横为了复国，于悲愤中自立为王，隐入海岛（即今田横岛），同行的部属有五百人。公元前202年，刘邦建立汉朝，想要招降岛上的人，下诏说："田横来，大者王，小者封侯，不来则举兵加诛。"田横为保全五百名部属性命，冒死去见刘邦，只带了两名侍卫。

但行至洛阳三十里外的尸乡（今河南偃师）时，刘邦使"斩头一观"的目的显现，田横很是愤然，他对随从说："以前刘邦与我都心怀伟业，而如今却要一君一臣，我愿意接受他的条件只是为了不让我的臣民受伤害,此地离洛阳三十里,刘邦想看我面貌,若拿着我的人头快马飞驰去见刘邦,面貌尚在。"他的意思是:我若死去,刘邦会因此而不杀我的随从。他便因此自杀了。

刘邦有感于田横能为五百人自杀,落泪说:"竟有此事,兄弟三人身为平民却前仆后继为齐王,还不能算是有义之人吗?"于是将田横厚葬,跟随他而来的两名随从亦被封职。但两名随从竟然死在田横的墓边。后来留岛的五百名兵士知道消息后,竟也全都自杀了。

田横是为了他人舍命,而他的随从们为了感谢田横的看重,愿以身相许,生死追随。可是义士们的所为难道不是为了顺应自己的内心吗?如果舍弃义苟且活着,从此内心难复平静,"生"有何意?

这种舍生取义的行为让我们明白,立身做事,做出义的抉择不是看轻生命,恰恰相反,是对生命的尊重。人生苦短,平凡过活不如灿烂就义,成全生命的完整。能立一个不落的"义"字在心上,让生命因此圆满,才对得起自己的心。

多琢磨事，少琢磨人

君子坦荡荡，小人长戚戚。这是《论语·述而》里的一段话。

这句话是说：君子坦荡、达观，不管生活是好是坏都可以无愧于心；小人太看重名利，所以经常悲切、忧愁。

一个人丢失了斧头，疑心邻居的儿子，因此成天把邻居儿子的一举一动放入眼中，怎么看都觉得他像贼。这样的想法坚定了他的猜测，于是他断定贼就是邻居儿子。可是不久后，他的斧头在山谷里重现，此时再遇见那个他怀疑的人时，竟没有贼样了。"疑人偷斧"讲的就是这么一件事。这个人无疑太过臆断了，如果不是斧子失而复得，谁能预知他接下来会怎样做。

古人云"长相知，不相疑"，反之，不相知，必定长相疑。有些人总是怀疑别人，其实是没有自信的表现。有些人有些缺点，常误以为他人在谈论自己，要对自己不利。有些人由于以前受骗的经历，结果万念俱灰，不再相信任何人。

对他人的怀疑好比精神的枷锁，禁锢我们的思路，使我们与朋友疏远。如果有太多的怀疑，就会在疑神疑鬼中让自己精神濒临崩溃，再也不能敞开心扉和他人相处。有时候，些许不信任，或许就能让你丢失很多宝贵的东西。

如《三国演义》中曹操刺杀不成逃跑后，是吕伯奢收留了他和陈宫。曹吕两家多年世交，吕伯奢原本打算杀猪款待二人，可磨刀之声使曹操疑心吕伯奢是要杀自己，便不管三七二十一杀了不该杀的人。

整天猜疑他人的人是最可悲的。人只要陷入猜忌中，就困在内心怀疑的牢狱中不能释放，使自己远离伙伴。所以，我们要让别人更容易看见自己的心，并且向大家说明自己的困惑，增加心灵透明度，减少隔阂生成的机会。同时，不要理会别人传播的流言蜚语。猜疑在爱说三道四的人的挑拨下，会使人丧失理智，终遭不幸。

孔子说的对，君子坦荡荡，我们要时刻铭记儒家的这些哲言，让自己做一个坦荡的人。听到再多的流言蜚语，也要保持平和，坦诚相待。须知，"长相知，不相疑；不相疑，才能长相知"。

行为比言语更可靠

常言道：知人知面不知心，意思就是做事情应该看到现象背后的本质。几千年前的孔子也曾做过类似的表达。

《论语·子路》中子贡问曰："乡人皆好之，何如？"子曰："未可也。""乡人皆恶之，何如？"子曰："未可也。不如乡人之善者好之，其不善者恶之。"

子贡问："乡亲们都喜欢的怎么样？"孔子说："还不行。"子贡又问："乡亲们都讨厌的怎么样？"孔子说："还不行。不如乡亲们中被有德之人喜欢而被无德之人讨厌的。"孔子的话就是告诉我们应该从内在层面来识人，以免只看表面。

真理和谬误结伴到河里洗澡，谬误上岸早，穿走了真理的衣服，伪装成真理的模样，得到了人们的信任，穿着谬误衣服的真理，千方百计辩白自己才是真理，大家却不相信它。

之所以如此，就是因为没有透过现象看本质。因此孔子还说："始吾于人也，听其言而信其行。今吾于人也，听其言而观其行。"

"听其言而观其行"，考察一个人应该如此，交友也应如此。如果仅仅因为对方的甜言蜜语就引为知己，这种做法很不靠谱。

例如有的朋友表面上无私友善，内心里却别有所图。他是满心得意，却让你遭受损失。反过来，有些人虽然不善逢迎，对朋友却是真心实意。

从前有一个人豪侠仗义，交游广阔。有一次他告诉儿子，若有难事，可以求助于洛河的李叔。儿子奇怪地问道，李先生沉默寡言，非常严肃，为什么要去找他帮忙呢，为什么不去找那些经常与父亲来往的人呢？

父亲意味深长地说："虽然我闯荡至今，交友遍天下，但是真正的朋友只有两个。一个是刘伯伯，远在徐州，鞭长莫及；另一个就是李叔。其他的朋友都不可靠啊。"

儿子并没有完全理解，因为他觉得平时经常与父亲交往的那些叔叔伯伯，看起来那么"和善"，怎么能不是真正的朋友呢。他的父亲看到儿子没有明白他的意思，就悄悄和他说了一些吩咐，然后说，你去见见我的朋友，按我说的去做，自然就能懂得朋友的意义了。

儿子先去找了李叔，因为父亲认为这是他的真正朋友之一，他对李叔说："我的爸爸是某某，现在有人追杀我，没办法只好来投奔你，请你救救我！"李叔听了，立即把自己的儿子叫过来，命令儿子赶快和这个朋友的儿子对换了衣服。

儿子这才明白，在生死危急的时候，能够不顾一切救你，即使牺牲骨肉也在所不惜的人，才是真正的朋友，虽然平时的他看起来不易亲近。

儿子又去找另外一位父亲认为不是真正朋友的朋友

那里,同样和他这样说。这个"朋友"面露难色:"孩子啊,不是我不想帮你,只是兹事体大,我实在无能为力,你再想想其他办法吧!"儿子懂得了,在危难关头,那些敬而远之,袖手旁观的人不值得看作真正的朋友。

　　一个人的社会活动中非常重要的一部分就是朋友,正所谓"在家靠父母,出外靠朋友"。因此在结交朋友的时候应该有所选择和鉴别,不应该仅凭表面的言辞就把对方当作朋友。

己所不欲，勿施于人

子贡曰："有一言而可以终身行之者乎？"子曰："其恕乎！己所不欲，勿施于人。"

这是子贡与老师的对话。子贡问孔子："有没有一句话能够奉行终身呢？"孔子说："那就是恕道了吧！有些事情如果自己不愿意，也不要勉强别人愿意。"

"己所不欲，勿施于人"这句话的内涵非常丰富。对于做官的人，孔子认为作上司的应该对下属宽容一点。上级在支使下属的时候，应该遵守制度规定的职责界限，爱惜民力，不应该随随便便派他们干这干那，这些基本要求就是为政者行使恕道的体现。而普通人在生活中也应该严于律己，宽以待人，多思己过，少谴人非，先人后己，贵人贱己，这也是"恕道"。

孔子认为，仁义的实行就要以此作为入手之处。如果大家都这样做，那么每个人就可以获得满足道德要求的仁义品格。换成今天的话来说，就要求为人处世应该将心比心。在做每件事之前，应该先想一下，换成自己又会如何对待？这样就能找到正确的处理问题的方法。

贞观四年的某天，唐太宗和大臣谈话，提及皇帝应该遵循何种原则行事。李世民说："广修宫殿苑囿，这是皇帝喜欢的，却是百姓所不希望的。皇帝总是喜欢过享乐的生活，老百姓却不希望过劳累疲惫的日子。事实上，每个人都不希望劳累疲惫；孔子告诉我们，己所不欲，勿施于人，看来的确不能让老百姓承受劳累疲惫的负担。我现在是皇帝，天下都是我的，在做事情的时候必须将心比心地为百姓考虑，才能遏制自己享乐的欲望。如果违背百姓的意愿一意孤行，就会受到百姓的埋怨。"

魏征说："陛下一向恤老怜贫，经常为百姓着想而克制自己，臣听说，'以己顺民者昌，以民顺己者亡'，隋炀帝贪婪放纵，骄奢淫逸，每当下人不能满足他的要求，就施以严刑峻法。上有所好，下必甚焉。上面奢侈，下面就会更加放纵，最终只能国破家亡。陛下和群臣都应引以为戒。假如陛下感觉已经满足了自己的欲望，那么现在在满足欲望之外，更应该节制欲望。否则，虽有万倍也依然不能知足。"太宗说："你说得太对了！只有从你口中，我才能听到这些话啊！"

李世民的话就是"己所不欲，勿施于人"的真实体现。孔子所说的恕道，实际人人都有能力去做，而且能够使我们终身受用，无论帝王还是庶民，都应该这样来要求自己。

简单地讲，"己所不欲，勿施于人"就是说，当自己要对别人做什么事情的时候，先想一想这事放到自己身上是否愿意，如果自己不愿意，就不要让他人做这件事。我们自己不愿意被偷、被抢、被杀，因此我们自己也不能去偷、抢、杀，我们自己的"不欲"就是最后衡量的标准，而能够把别人当成我们自己，以同样的标准来衡量对方，就必须有一颗仁厚善心。

自己若不愿意做某事，又如何能够强迫别人做此事呢？人的本性就是趋利避害。本性自身是无所谓好坏的。主要的问题在于，许多人为求私利，不惜遗祸他人——这种坏现象是由于趋利避害的本性造成的。孔子正是看到了这一点，才说出了上面那番道理。

我国不少先贤都善于己所不欲，勿施于人，"大禹治水"就是这样一个例子。

古时候，大禹接受了治水的任务，这时涂山氏的一个姑娘刚刚成为他的妻子。当他想到每天都有人因为洪水而死时，那种失去亲人的痛苦使他感同身受，于是他告别新婚妻子，带着二十七万群众，昼夜不断地辛勤治水。在这期间甚至三过家门而不入。十三年之后，他疏通九条大河，导水入海，水患得到了消弭，从此青史留名。

战国时候，白圭曾与孟子提及此事，自夸道："我如果来治水，肯定超过禹的功绩。只要疏通河道，把洪水排到邻国不就可以了吗？"孟子严厉批评他说："你错了！你把水排到邻国，最终会使洪水倒流，灾害反而更大。真正的仁德之士是不会这么做的。""以邻为壑"这个成语就是这样来的。

大禹和白圭的区别就在于：白圭只顾自己，不顾别人，这种思想就是"己所不欲，勿施于人"的反面，这种思想损人不利己，极其错误。大禹导水入海，虽然更耗工夫，但却能消除本国的灾害，又能恩泽邻国。这种"己所不欲，勿施于人"的精神正是我们需要学习的。

"己所不欲，勿施于人"告诉我们要将心比心，自己想要怎样的生活，就知道别人也会要怎样的生活；自己不希望别人那样对待自己，也就不要那样对待别人；自己想要在社会上安身立命，就不要阻碍别人在社会上安身立命。总而言之，就是要从自己的良心出发，对他人抱有充分的理解和同情。如此一来，你收获的必然比你想象的要多得多。

面对毁谤，坚持自己

"吾之于人也，谁毁谁誉？如有所誉者，其有所试矣。斯民也，三代之所以直道而行也。"

这句话的意思是，关于他人，我说过谁的好话？说过谁的坏话呢？如果我赞美一个人，那么必定对他进行了考验。夏商周三代的人们做事就是按照这个道理，因此能够正道直行。

人们总是喜欢在背后对他人说短道长，人生于世，总是避不开毁誉。拥有名气的人更容易被人议论，今天名动天下，明天可能就臭名远扬。不止活着的人如此，死去的人也是这样。

孔子也不免于此。在董仲舒的建议下，汉武帝"罢黜百家，独尊儒术"，自此孔子被历代帝王尊奉为圣人，到"五四时期"却被指责为祸害中国的万恶之源。"文化大革命"期间更是重点批判对象，如同过街老鼠，人人喊打。真是风云变幻，人心难测。

然而孔子自身始终未变，外界吹捧也好，诋毁也好，又与孔子本身和孔子的思想有什么关系呢？

子曰："吾之于人也，谁毁谁誉？如有所誉者，其有所试矣。"无论是他人的攻讦还是吹捧，都只是浮云。如果有人进行过度的吹捧，一定是别有用心。历代皇帝之所以尊奉孔子，也不过是借助儒学愚弄百姓，维护他的统治罢了。

"众恶之，必察焉；众好之，必察焉。"被世人痛斥的人未必就真的十恶不赦，大家都称赞的那个人未必就真的完美无瑕。知道了这一点，就不会奇怪如今社会中的某些怪象了。

一般而言，招致毁谤的原因无非以下几种：或者出于误解，或者出于嫉妒，或者是恶意毁谤。因此孔子曾言道："人不知而不愠，不亦君子乎？"（《论语·学而第一》）"不患人之不己知，患其不能也。""不怨天，不尤人，下学而上达。知我者其天乎！"（《论语·宪问第十四》）别人不了解你，对你说三道四，你也不生气，而应该对自己可能存在的不足之处进行反思，与其花费时间与别人争辩，还不如专心提升自己。不在那里怨天尤人，而是不断提升自身，坚持正道直行，总有一天能够脱颖而出。

别人无论说什么，自己都听之任之，因为我并不能去堵住别人的嘴巴。对于自己而言，《论语》中的这句话很合适："择其善者而从之，其不善者而改之"。至于有些家伙不可理喻，就不用理他，反而不如随他们去说，因为有时候和他们是没法讲道理的。

孔子在这个问题上提出过很多教导，他说："浸润之谮，肤受之愬，不行焉，可谓明也已矣。浸润之谮，肤受之愬，不行焉，可谓远也已矣。"（《论语·颜渊第十二》）像暗流一样涌动的流言，还有那些直指自身的毁谤之言，都无法使你受到影响，那么你就不愧是明达事理、心胸广阔的人了。下面是《论语》中的一个故事：

鲁国的叔孙武在朝廷上毁谤孔子。子贡说："无以号也！仲尼不可毁也。他人之贤者，丘陵也，犹可逾也；仲尼，日月也，无得而逾焉。人虽欲自绝，其何伤于日月乎？多见其不知量也。"

　　真正的圣人，不会被恶意的毁谤伤害，反倒是卑鄙的毁谤之人不自量力，自作自受。

做人坦荡，远离忧惧

孔子说"君子坦荡荡，小人长戚戚"。君子心胸坦荡，宽宏潇洒，不论得失成败，都淡然以对，豁达乐观，对别人不会有任何仇怨。小人心中则永远有着种种算计，每天都在怨天尤人，或者觉得自己在某件事上吃了亏。实际上世界从来未换，心境却常有更变。无论何时，心境坦荡便是天空海阔。

王先生在珠宝店柜台挑珠宝，皮包随便放在一边。正在这时，来了一个衣饰整洁、气质非凡的顾客，王先生为对方考虑就挪开了自己的包，不料却惹得对方勃然大怒，认为是王先生怀疑他是小偷，侮辱了他的人格，然后就把门一摔，生气地离开了。王先生不明所以地被骂了一顿，心中非常生气，没买东西就开车回家了。

由于交通堵塞，车辆行驶极慢，王先生看到这种情形不禁牢骚满腹：怎么会有这么多车？这些司机难道都不会开车吗？在走到一个交叉路口时，他和一辆大型卡车面对面相遇，王先生想："这个人的车太大，还是让他一下吧。"于是就准备减速让道，而卡车却率先降低速度，司机还把头伸出窗外，对他招手示意，微笑着向他让路。在这一瞬间，之前的沮丧不快顿时烟消云散，王先生又感到风清月朗了。

拥有什么样的心境，就会看到什么样的世界。每个人或许都会遇到王先生这种情况。其实只要坦坦荡荡，问心无愧，即使面临各种突发事件，我们都能镇定自如地面对，而不会手足无措。这种风范就是儒家所称道的君子啊。

俗话说：身正不怕影子斜。夜半更深之时，我们也可以反思自己是否愧对他人，有没有损人利己，是否为了自己而损害他人。如果这些亏心事一件都没做过，那我们也就可以"无忧无惧"了。

人在世上，最重要的就是做人。俯仰无愧天地，当然也就内心坦荡无惧。所以这句话看似简单，但在真实践行之时，就会发现和自己想的并不一样。比如"内省不疚"，真正能够做到的又有几人呢？

即使没有这样的人，但是这种信念依然需要坚持，因为我们需要一个安宁的心灵，需要最基本的心安，尽力让自己"无忧无惧"。

真正的君子，无论处于何种环境，都能坦荡自若。如果是在一个舞会上，蓦地来了一位美丽优雅、穿着时尚的俏佳人，并与全场最英俊的男士翩翩起舞，有的人会真心赞赏，这是出于对美的欣赏和赞叹。有的人会故意挑刺，她的红色衣服多么难看啊，穿的鞋子太便宜，跳的舞太业余了，那眼神又是多么傲慢啊。其实这种挑剔只是源于嫉妒而已。更糟糕的是，还有些人看到她成为众人关注的焦点，心生嫉妒和憎恨，甚至不惜大闹一场。

最后这两种人就是孔子所称的小人，他们的心胸非常狭隘，总是嫉妒比他们强的人，认为世界上的不少人都是自己的敌人,自己的风光都被别人给遮盖了,从而心生嫉妒和怨恨,在阴谋诡计中暴露了自己的真面目。生活其实就是一面镜子,心里想着什么,就会看到什么。

孔子所言"不忧不惧",就是时时拥有一份坦荡的心境。

宋朝词人苏轼有一首词叫《定风波》:"莫听穿林打叶声,何妨吟啸且徐行,竹杖芒鞋轻胜马,谁怕,一蓑烟雨任平生。"确实如此,外物的变化是无法对一颗光明正大的心灵造成影响的。人生几多风雨,但若坚持正道直行,坦诚待人,即使有风言风语,又有何妨?

第七章

方即刚强，活成自己喜欢的样子

做人需要当机立断

当机遇到来的时候,是当机立断地做出决定,还是三思而后行,这个问题已经被讨论了无数次了。问题的关键是,在下定决心时你是头脑清醒还是一时冲动?假如没有搞清楚,很可能将抱憾终生。

人在气头上经常对事物缺乏冷静的分析和判断,对事物的反应也相对迟钝,因此,只凭一时意气就作决定,很容易造成失败。奥赛罗是莎士比亚笔下的一个悲剧人物,他的人生悲剧就在于他一时冲动做出了错误的决定,致使他的莽撞行为中了小人的奸计。

苔丝德蒙娜与威尼斯大将摩尔·奥赛罗的婚事受到父亲的反对。此时正值土耳其军队入侵,奥赛罗率兵御敌。奥赛罗提拔凯西奥为副将,引起手下旗官伊阿古的嫉恨。他设下圈套,谎称凯西奥与苔丝德蒙娜有私情,奥赛罗知道这件事后很是生气,一点不容妻子解释就活活扼死了她。伊阿古的妻子哀莱利霞得知后,愤然揭发了丈夫的诬陷罪行。于是真相大白,奥赛罗后悔万分,但是妻子不能死而复生,他无法原谅自己,在极度悲哀中了结了自己的生命。

这个故事说明,人在愤怒激动时最容易做出极端的决定。奥赛罗杀妻和自杀,都是一时冲动。假如他稍微冷静一些,或者允许妻子解释,再做一些必要的调查,也许就不会造成如此悲惨的局面。

《三国演义》中有关诸葛亮"草船借箭"的典故,就是三思而后行的成功范例。

东吴都督周瑜,忌妒诸葛亮足智多谋,因此设下圈套,命诸葛亮十天之内造出十万支箭,否则以军法处死。而诸葛亮却立下军令状,答应三天之内交出十万支箭,否则甘心受罚。然而,诸葛亮并不带领工匠造箭,而是让他们准备小船,并在上面盖上稻草,扎上草人。交箭的日期一天天逼近了,还看不到一支箭的影子。人们都为他担忧,他本人却胸有成竹,利用夜晚江上大雾的时机,率船队向敌营驶去。多疑的曹操以为是吴军夜袭,下令放箭抵御,却只是射到了草船上。诸葛亮带着十万支箭向周瑜交差,令周瑜心服口服。

诸葛亮足智多谋,但假如不是他事先思考缜密,布置妥当,利用大雾的时机成功"借箭",即便再给他三十天也是造不出十万支箭的。遇事若不仔细思考,只一味埋头蛮干,一个人即使有三头六臂也是没有用的。

莎士比亚的另一部名作《哈姆雷特》,则告诉了我们优柔寡断的后果。

哈姆雷特是丹麦王国一位年轻有为的王子,他有魄力、好思考、亲近人民，对人类抱有美好的希望。他在德国的威登堡大学学习时，国内传来噩耗，父王惨死，叔叔克劳斯迪篡夺王位，母亲改嫁克劳斯迪。父王的魂魄把事情的经过告诉哈姆雷特，让他为自己报仇。哈姆雷特得知真相后，精神恍惚，他整日穿着黑色的丧服，一心想着复仇。可是，哈姆雷特一方面想复仇，一方面又碍于母亲的脸面，同时他也不是十分相信父亲魂魄的话，非常苦恼。一天，他偶然听到了克劳斯迪在独自忏悔，哈姆雷特本可以在此时杀死他，但是又想到忏悔中的人被杀后会进入天堂，结果没有下手。克劳斯迪故意挑拨奥菲利娅的哥哥同哈姆雷特决斗，并私下准备了毒剑和毒酒。哈姆雷特第一回合取胜，克劳斯迪假意祝贺递上毒酒，但哈姆雷特没喝。哈姆雷特第二回合又取得胜利，王后很是高兴，端起原准备给哈姆雷特的毒酒喝了下去。决斗中，哈姆雷特被对手的毒剑击中，但他夺过剑后又击中了对方。王后中毒死去，奥菲利娅的哥哥也在生命的最后一刻揭露了克劳斯迪的阴谋。哈姆雷特用尽生命最后的一点力气用手中的毒剑击中了克劳斯迪，自己也毒性发作身亡。

哈姆雷特天生优柔寡断、犹豫不决，没有抓住最好的机会，尽管最后杀死了仇人，但他的情人的哥哥、母亲和自己也都被仇人所害。 该出手时就出手，也就不会落得如此结局了。

成功没有彩排的机会，错失良机就意味着将本该属于自己的东西拱手让人。"当断不断，必受其害。"这句古话是很有道理的。何时该断，取决于我们自己。果断不盲目，稳重不犹豫，该出手时就出手，才不至于错失良机，遗憾终生。

做人要学会说"不"

在我们生活中有许多这样的人,他们拉不下自己的脸面,不知道如何回绝别人。本来不是自己力所能及的事情也一味逞能,生怕被人看不起。说到底还是虚荣心在作怪。

某县的一位领导,自从上任以来就经常有人来求他帮忙。今天张三说因老婆连生了两个女孩,想再生一个,望领导通融一下;明天李四来说他到现在还是农村户口,希望领导把自己和全家人都转成城镇户口……熟的、不熟的反正是有点关系能说上话的都找上来了,搞得这位领导很为难。帮,很多事都是违反政策的;不帮,显得太不给面子了,何况很多人曾经也帮过自己。开始时他还能坚持原则,婉言拒绝,但到最后,实在受不了这帮人多次的软磨硬泡,再加上利益的诱惑,他为他们开了绿灯……到后来,他的这些"功绩"被公布于众,他狼狈离职;而那些他给足了"面子"的人都纷纷对他敬而远之,就像自己从来和他没什么关系似的。这位领导在离职反省的日子里渐渐体会到,"面子"真的是什么都不是,这种虚无的"面子"让他深受其害。

不要害怕拒绝别人,一味讨好别人不会给人留下多少好印象,敢于说"不"才会得到应有的尊重。或者这样做会暂时得罪一些人，会失去一些"朋友"。但假如对方是你真正的朋友，他是可以站在你的立场为你着想的，绝不会强人所难；而那些因为你不给他"面子"而记恨你的人，根本就不是你真正的朋友。放下面子，你所失去的不过是那些虚伪的、不值得深交的小人，但你却能够活得心安理得，过自己想要的生活。所以，在适当的时候要学会拒绝，不要被那虚无的"面子"所累。

某大公司面试，许多人去了才发现面试和自己想象的很不一样，不仅要回答很多个人问题，还要做许多"低三下四"的事，例如给公司领导端茶倒水，打扫卫生……但面试者为了能给公司留下一个好印象，大部分人都一一照做了。

轮到了小李进去面试，开始的一些事情，他觉得还能够接受，也就按他们说的做了。这时，面试他的一位老板模样的人说："我的鞋脏了，这里有鞋油和刷子，帮我把皮鞋擦一下。"

小李感到有些气愤，他觉得这是对他人格的侮辱，很坚决地说："对不起，我不能！"

"连这样的小事你都不愿做，看来你是不想来我们公司上班了，请回吧。"

"我是来面试的，我也很想到你们公司工作，但我决不会做这些有辱我人格的事。这样唯命是从的人也成不了好员工！"说完转身就要离去。

"小伙子，等一下！"刚才的那个先生立马站起身来拦住了他,"恭喜你,你被录用了!"

小李一下子懵了,他不清楚这是怎么一回事。

"对不起,刚才我的行为确实很过分。但你没有像别的面试者那样——照做,而是果断地拒绝了我的不合理要求。我们需要的就是你这样的有原则、有个性的人才。"

学会拒绝,活出自己的个性,才能让真正欣赏你、理解你的人去发现你,如果一直活在别人的世界里,自己也将会永远被埋没。

做人要有恒心

假如你希望成功，应该以"恒心"为益友、以"经验"为参谋、以"谨慎"为兄弟、以"希望"为哨兵。只要我们敢于去追求，只要我们下决心有所改变，那么长久以来的美梦便可成为现实。凡是决心夺取胜利的人，从来不说"不可能"，因为，这个世界上没有什么是不可能的，"没有做不到的，只有想不到的"，只要你能想到，下定决心去做，就一定能成功。

从前一座山上有两块相同的石头，两块石头由于经历不同，三年后发生了完全不同的变化。一块石头受到很多人的敬仰和膜拜，而另一块石头却遭到别人的唾弃。被人唾弃的石头最终后悔地对受人敬仰的石头说："老兄啊，你还记得吗？就在三年前，来了个雕刻家，我害怕一刀一刀割在身上的疼痛，就告诉雕刻家只要把我简单雕刻一下就可以了。而你那时幻想着未来的模样，不在意刻刀刻在身上的痛，因此造成了我们今天的不同。"

两者的区别，一个是看重想要的，一个是看重惧怕的。过去的日子里，也许你们同在一起玩耍、同在一所学校读书、同在一个部队当兵、同在一家单位上班，几年后，你会发现儿时的伙伴、同学、战友、同事有的变成了"佛像"石头,而有的变成了另外一块遭人唾弃的石头。

无论你期望拥有财富、事业、幸福,还是盼望别的什么东西,都要明确它的方向在哪里,为什么要得到它,或者将以哪种态度和行动去得到它。 人生教育之父卡耐基说:"我们不要看远处模糊的事情,而要着手身边清晰的事物。"如果今天上帝给你一次机会,让你选择五个你想要的东西,并且都能让你心想事成,你第一个想要的是什么? 如果只要你选择一个,你会做何选择呢? 如果生命危在旦夕,你人生最大的遗憾是什么事没有去做或者还没有完成? 如果给你一次重生的机会,你最想做的事是什么……假如发现了你最想要的,就把它马上明确下来,然后去实现它。

传说鹰是有两次生命的,一次是前40年,普通的鹰都能活到,另一次是后30年,只有小部分的苍鹰能活到。40岁的鹰已经是体态臃肿、苍老不堪,很多鹰到这个时候就收起锋芒,但也有不认命的,它们用自己的喙用力地啄击石头,直到旧喙全部脱落,新喙神奇地生长出来。然后苍鹰再用新喙把爪上的老皮啄掉,长出新的爪皮,使双爪变得更加有力。最后,苍鹰又用有力的双爪把全身羽毛全部抓掉,长出新的羽毛。在这过程中,苍鹰忍受着"凤凰涅槃"般的痛苦。最后,苍鹰冲破大限,获得第二次生命。

去一个陌生的环境承担一项全新的工作,也许会让人对未来不可预知的事情产生恐惧感,但是另一方面,它是一种全新的挑战，会有全新的收获和成就。

　　古话说：世上无难事，只怕有心人。这个"心"，就是恒心，有了恒心，再难的事也会成功。没有恒心，即使是最容易的事也可能一事无成。

　　天下事最难的不过十分之一，能做成的有十分之九。想成就大事业的人，更要有"恒心"，更要以坚忍不拔的毅力、不屈不挠的精神、排除万难的耐性作为培养恒心的要素。

　　一个人之所以成功，不是上天赏赐的，而是一点一滴自我塑造的，但是千万不能存有侥幸的心理。幸运、成功永远只能属于勤劳的人、有恒心不轻易改变的人、能坚持到最后的人。事业如此，"德业"也是如此。

　　做事专一，是一种锲而不舍、集中精力的追求。不仅要有魄力，而且要有定力，抵抗其他事物的诱惑，不为一切名利权位而半途而废。这种定力是决定一个人能否成功的关键条件。一个人，能认清自己的能力，找到自己的方向，已属不易，更不容易的是要抵抗风浪的冲击。很多人因某件事情时髦或流行，随波逐流，而忘了自己的目标和志向，最终找不到自己，所得的只是追逐一时的新鲜，而失去了真正成功的机遇。

　　所以，做人一定要有恒心！

不做好好先生

"好好先生"即"老好人"。

"好好先生",古今中外,数不胜数。

冯梦龙在《古今谭概》中记录过一位叫司马徽的"好好先生",说他素来不说人短,与人语善恶皆言好。有人问其安否,他答好。有人说自己的儿子死了,他也答好。他妻子便责备他:"人家觉得你有德行,才把自己儿子的死讯告诉你,你怎么反而说好呢?"司马徽说:"为卿之言也大好。"

现实生活中这样的人不在少数,他们谁也不敢得罪,对上毕恭毕敬,对下平易近人,左右逢源,不辨曲直。一有什么问题他们就会充当和事佬,不说过分的话,也不偏向其中任何一方,只要大家能心平气和、相互间平安相处,自己就落得个清静自在。只说中听的,不说不好听的,报喜不报忧,不求有功,但求无过,对大小问题得过且过,能混过去的就混,颇有"中庸"的境界。但是这样并不能给他赢得好人缘,时间一长,大家都会厌烦这种没有原则的人。

最有名的当属唐朝名相魏征,他以敢于直言谏君而闻名。魏征为唐太宗提出了许多建议,甚至直接指出他的缺点，经常在朝堂上和天子为一些事情争得面红耳赤，搞得太宗很没面子，有几次太宗气得都想杀了他。但太宗毕竟是一代名君，他在静下心思考之后，意识到魏征的话合理中肯，便虚心地接纳了他的建议，做到知错便改，闻过则喜，最终迎来了贞观之治的繁荣盛世。魏征去世后，唐太宗非常伤心，他说：人用铜做镜子，可以正衣冠；用古代历史做镜子，可以明辨国家的兴盛与衰亡；以人做镜子，可以知道自己的得失和过错。现在魏征走了，朕便失去了一面宝贵的明镜。唐太宗还去凌烟阁，对着魏征的画像作了一首诗："劲条逢霜摧美质，台星失位夭良臣。唯当掩泣云台上，空对余形无复人。"

一个集体，需要的是有能力、有见地，能对领导有真正帮助的人，有了问题就提出来，尽管可能会引起他的不快，但真正有远见的领导并不会因此而怀恨在心，只要你说得对，他们会接受、采纳你的意见，并乐意重用你。因为他们知道，只有这种员工才是合格的、有价值的人才。

有一位高校的老师，素来以管教严格、不留情面闻名，被同学们称为"冷面先生"。每次考试只要他来监场，同学们就会老老实实。在其他老师的考场上，只要作弊行为不很过分，老师照顾到同学们的毕业和升学压力，也就睁一只眼闭一只眼过去了。只有这位"冷面先生"，铁面无私，冷酷无情，倒在他"枪口"下的考生数不胜数，有的还因此留级。一些学生也曾在私下里恳求老师放自己一马,但这些方法在他那里都没用。他说:"我现在帮你其实是害你。假如我给你一个及格分,你会因此放弃进一步提高,混到大学毕业以后又没有真才实学,以后你会后悔的。我现在管你严一点,你凭自己的真实能力考过了,最终受益的是你自己。"受过他教育的学生们从那以后再也不靠小心思去浑水摸鱼,而是踏踏实实地学习,都以优秀的成绩完成了学业,成为社会的栋梁。同学们在多年之后再次相聚时,见到这位老师时都对他感激万分:"要不是您对我们严格要求,我们也不会有今天的成就。"

一个人不坚持原则,就会迷失方向,丧失自我,最终只能是一个唯唯诺诺没有原则的庸人;一个企业没有原则,随波逐流,就会遭受巨大的经济损失;一个国家没有原则,势必会任人欺辱,成为别国的奴隶。

讲原则不是强人所难,而是面对别人提出的合理请求时,应该在自己的能力范围内去提供帮助;但面对无理的、违背道德甚至是违背法律的请求,就应该理直气壮地拒绝,而不是没有原则地唯命是从。要想做个真正有原则的人,那就不要怕得罪人。

集中精力做好自己的事情

生活中，不少人活在他人的眼光里，活在他人的价值观里。因此，才有我们当众摔跤的时候，第一反应首先不是疼痛，而是感到没有面子。事实上，这些生活中的小事，根本不值一提，其他人转眼即忘，只有自己还记在心里，念念不忘地懊悔不已。

有一个故事是这样说的：

一天，父子俩赶着一头驴进城，子在前，父在后，半路上有人笑他们："真笨，有驴子竟然不骑！"父亲一听觉得有理，就叫儿子骑上驴，自己跟着走。

走了不远，有人议论："真是不孝子，自己骑着驴叫父亲走路！"于是儿子下来，父亲骑上驴背。

走了一会儿，又有人说："这个人真是狠，自己骑驴，叫孩子走路，不怕累着孩子？"父亲立马让儿子也骑上驴背，心想这下总该无人议论了吧！谁知又有人说："那头驴这么瘦，两人骑在驴背上，不怕将它压死吗？"

最后，父子俩将驴子四只脚绑起来，一前一后用棍子扛着，在路过一座桥时，驴子由于不舒服，挣扎了一下，不小心掉进河里淹死了！

许多人做人做事就像这故事里面的那个父亲一样，太过于在意他人的看法。人家讲什么，他便怎么做。结果呢？总是不能叫他人满意。

一般来说，此类人有以下心理：

（1）不敢得罪每一个人，甚至想讨好所有人。所以，不论是谁提了一个什么意见，他连想都不想，就依着去做。

（2）凡事缺乏主见。由于他不能自己做出有效的判断，因此，只要是谁说得似乎在理，就听谁的。

你自以为把事情处置得非常周全，然而对其他人来说，他们也许还嫌你做得不够。换句话讲，由于每个人的感受与需求各不相同，因此，无论你怎样"周到"，都会有人不满意！

假如事事都想做到面面俱到，最终一定会把自己给累死。因为你总是小心翼翼地去揣摩他人的心思，担心他人是不是会满意，这多累啊！想不神经衰弱都难了。

那么，我们究竟应当怎样做呢？照他人的模式生活是最愚蠢的人所做的事。你需谨记：最后为你自己负责的人只能是自己。因此，为何这么在意别人的看法，让他人来左右你的人生呢？人生苦短，生命有限，生活中值得我们去学去做的事情太多了，我们不必也不能把自己的很多时间与精力都耗费在怎样对付"人言"上。抛掉这个思想包袱，集中精力去做自己应做的事，这才是最积极、最有效的办法。

用顽强的意志战胜人性弱点

台湾散文家林清玄写过这样一个故事:

上帝有一天突发奇想,来到他创造的土地上散步,看到麦子结实累累,感到十分高兴。一位农夫见到上帝,说:"仁慈的上帝!在这50年来,我没有一天不祈祷的,祈祷年年风调雨顺,不要有冰雹,不要干旱,不要有虫害,可是不管我怎么祈祷,总不能事事顺心。"上帝回答:"我创造了世界,也创造了风雨和干旱,创造了蝗虫与鸟雀,我创造了不能随你意想的世界。"

农夫忽然跪下来,亲吻着上帝的脚:"全能的主啊!您可不可以答应我的请求,明年,只要一年的时间,不要狂风暴雨、不要烈日干旱、不要有虫害。"上帝说:"好吧,明年无论别人怎样,一定如你所愿。"第二年,这位农夫的田里果然结出很多麦穗,由于没有任何狂风暴雨、烈日与虫害,麦穗比以前多了一倍还多,农夫高兴极了。

到了丰收的季节,奇怪的事情发生了。农夫的麦穗里竟全是瘪瘪的,没有什么麦子。农夫含泪跪下来,向上帝问道:"仁慈的主,这是怎么回事,您是不是搞错了什么?"上帝说:"不是我搞错了,是因为你的麦子没有经历应有的考验,麦子变得十分无能。对于一粒麦子,努力奋斗是不可逃避的。狂风暴雨是必要的，烈日更是必要的，甚至可以说蝗虫也是必要的，因为它们可以叫醒麦子内在的灵魂。"

人的灵魂也和麦子的灵魂一样，假如不经历任何考验，人也只能是一个"空壳"而已，任何一个人，从出生尤其是少年以后，就开始面对各种磨炼，并开始收获各种考验所带来的宝贵人生品质。假如拒绝来自现实的再次考验，实施幻想温馨的常态，那么他从最初就输给了生活。

一位叫海涛的中文系毕业生，在求职道路上东奔西走，最后在广州应聘到一个职业技术学院当教师，年薪三万，由于被对方告知不能解决户口问题，他便选择了放弃，放弃了自己追求的内在东西。后来，却再也找不到合适的工作。他在"户口"这个并不很重要的考验面前放弃了，生活从此变得异常惨淡和无助。

有一位退伍军人，在复员后也找到了工作，是经人介绍到某工地食堂卖饭，每天早出晚归，冬日还要在露天地里卖饭，一会儿就冻透了。可他不埋怨，妻子心疼他，要他穿大衣上班，他说穿大衣卖饭不方便，还说一旦安逸了大衣的温暖，就会耐不住寒冷。这位退伍军人硬是凭着超人的军人意志，经受住了来自冬天与平凡的考验。他几乎对自己所吃的苦没有什么埋怨，每日乐呵呵的，回家常常拍拍妻子的肩，说自己适应了"苦中作乐"。

每一个人都应该有坚强的意志，应该有使意志力趋于坚定的耐力。假如没有这种能力，就像永远达不到沸点的水一样，那么，靠着水的蒸气来推动的火车也只能停在原地。

一个有着坚强意志的人，更有"创造"的力量。无论哪种事情，只有极大的付出才能取得成功。

你是以怎样的态度来应对困难的呢？危难之时，你感到惊慌或是恐惧吗？是犹豫还是躲避呢？你面对困难的时候，能否有推托的态度？还是会抱着"试试看"的态度应对困难呢？

事实上，人的意志力有着极大的力量，它能战胜一切困难，无论所经历的时间有多长，付出的代价有多大，坚强的意志力终能帮助人达到成功的目的。

一个能掌控自己意志力的人，具有推动社会的伟大动力。这种巨大的力量可以实现他的期望，达到他的理想。假如一个人的意志力坚强得跟"钻石"一样，并用这种意志力引导自己朝着所预想的方向前进，那么，他所面对的一切困难都会迎刃而解。

假如你见到一个年轻人，他用坚强的态度去实施他的计划，而丝毫没有"假如""也许""但是""可能"的念头，那么这样的年轻人，一定会拒绝各种引诱，将来也一定会获得成功。

没有掌握意志力的力量，便没有持之以恒的决心，也就不会有发明与创造的可能性。有很多年轻人开始很热心于他们自己的事业，但是常常就在一夜之间，竟然放下自己原有的事业，而去进行别的事业。他们往往在怀疑着，自己是否处在合适的位置上？自己的才能怎样加以运用会最有价值？有时面对困难，他们会感到失望，甚至是沮丧，当他们听到某人成就了某项事业时，便开始抱怨自己，为何自己不去做相同的事业。

要使自己的生命具有独特意义，就要与众不同，就要做符合自己强项的事情。不管历时多么久远，不管要面对多少艰难困苦，绝不可放弃成功的希望和志向。假如有人看上去信誓旦旦，却患得患失，不肯接受特定事实的不足，甚至放弃生活带来的某些考验，那么他就像不经困苦、不历酷热的麦子，就像不耐严寒、不受冰雪的草木。地球上为什么有冬天？或者它就是为了锻炼人们在万物冬眠时，身体里是否有坚持不退的热情，眼睁间能否还怀有温暖的诗意。在缺少色彩的季节，面对病毒、细菌的肆虐，你是否已经筑起一道道篱墙？面对寒冷、冬雾和阴霾，你是否能够挺得住无言的考验？面对冰霜酷雪、寒风怒号，你能否已经习惯，甚至从中发现随苦寒而来的各种乐趣？

人生的通道，常常是穿越自卑、困境和风雨而产生的。平凡者可以依靠考验抓住机会，最先觉悟、最先锤炼、最初成熟，然后运用"智慧"的能力，使自己变得更伟大。普通的麦子尚能显示不普通的生物延续哲学，一个人历经了某些必要的考验、经历过某些艰难的坚持，难道不能酝酿出一些宝贵的人生积淀？

敢于做别人不敢做的事

用积极的态度思考和面对人生，就有一个勇于开拓的问题，即敢于做别人不敢做的事，敢于在表面上看来不可能的事情上开辟新的道路，这就是积极的态度。只有这样，才能不断地开创出新的局面来。

说到这里，我想起了一个朋友。

他在一所中学任教并担任班主任。新年之际，学校组织文艺会演。他们班的学生原本是住校生，大多数学生都来自郊区或农村，没有什么文艺特长。从整体上看，学生也不活跃，与其他几个班级相比，在文艺演出上处于劣势。可是，我的这位朋友为了活跃班级的气氛，大胆决定排练大型的舞蹈，决心要通过这次会演，把班级的形象做个彻底改变。这一决定不仅使班干部感到犯难，而且使一些同年级的教师觉得他过于想当然。有的同事好心地劝他搞点小型的节目就算了，因为班级人员的确没有那个条件，但我朋友说什么也不肯改变自己的想法。

他在做出这个决定之后，就从班级的实际出发进行设计，不搞那种动作柔美的舞蹈，而是搞人数多的队列式行进舞蹈。经过一番认真刻苦的排练，这个节目竟然收获了意外的效果。

由于演员们个个步伐整齐，动作刚劲，演出节奏明快，体现出了一种团结向上的精神风貌，因而赢得了满堂的喝彩。这个平日比较沉闷的班级，竟然在会演中一举夺得了年级第一、全校第二的好成绩。

面对困难，这位教师采取了积极的态度。他不回避，而是认真地分析；他不放弃，而是沿着正确的方向努力。在看似极为困难甚至不可能的情况下，往往能开辟出一条新路，可见态度决定一切。你以积极的态度、开拓的精神对待工作，就能克服困难，工作也会有起色，你付出的努力自然会得到回报。

具有开拓的精神是十分宝贵的，它能使你在荆棘丛生的地方开辟出道路来。

敢于接受挑战能进一步接近成功

身在职场的员工不喜欢在工作中遇到的挑战，原因很多。比如，日常工作已经够多了，新的有挑战性的工作不会带来更多的薪水，反倒会造成额外的工作负担。接受了比较难的工作，老板会布置更多更难的工作，甚至就将这个棘手的任务作为以后工作的标准。如果没有完成这些工作，会给老板带来不好的印象，影响自己的升职。

一名优秀的员工应该主动接受具有挑战性的工作。有的人颇有才学，具备种种受老板赏识的能力，但是有个致命弱点：不敢接受新的挑战，只愿做职场中谨小慎微的"安全专家"。对不时出现的艰巨工作，不敢主动地发起"进攻"，一再地逃避。他们认为要想保住工作，就要保持熟悉一切，对于那些颇有难度的事情，还是躲远一些好，否则，很有可能一事无成。结果，终其一生，也只能平庸。

有这样一个古老的寓言：

> 古时候的日本渔民出海捕捉鳗鱼，因为船小，回到岸边的时候，活着的鳗鱼已经所剩无几。但是，有一个渔民，他的船和船上的各种捕鱼装备，以及盛鱼的船舱，跟别人的几乎一样，可他的鱼每次回来都是活蹦乱跳的。因此，他的鱼能卖到特别好的价钱。没过几年，这个渔民就成了远近闻名的大富翁。这个人一直保守着这个秘

密,直到身染重病没有能力再出海了,才把这个秘密告诉了他的儿子。

原来,他在装鳗鱼的船舱里,放进一些狗鱼。狗鱼生性好咬好斗,为了在狗鱼的攻击中存活,鳗鱼也被迫竭力反击。在斗争的过程中,鳗鱼求生的本能被充分地调动起来,所以就活了下来。而没有放进狗鱼的鳗鱼,之所以死去,是因为它们知道被捕住了,自己已经没有活路了,生的希望破灭了,所以在船舱里很容易就失去生命。渔民最后忠告他的儿子,要勇于挑战。只有在挑战中,生命才会充满成功和希望。

接受挑战,这是一个员工改变日常烦琐枯燥工作的机会,是发掘自己潜能的重要机会,经过了这个困难的阶段,以后的工作可能就进入了全新的领域,或是站在一个更高的高度。

从现实中看,接受挑战是一个更为明智的选择。迎接挑战,能给老板提供方便,也为自己升职创造了条件。

麦当劳第二代掌门人雷克最喜欢的一句话是:"世上没有任何事能取代'挑战'。'才能'不能,因为有太多有才能的人并未成功;'天才'不能,因为不是每个天才都有人赏识;'教育'不能,因为受过教育不一定有能力;只有'坚韧'和'挑战'是无敌的。"

在美国南北战争之后的一次议员竞选中,有这么一个有趣的故事:

其中一位竞选者是内战中的英雄陶克将军，另一位则是将军手下的一名普通士兵约翰·爱伦。功勋卓著的陶克将军在演讲时说："同胞们，就在十七年前的晚上，我带领军队在茶座山与对方敌军拼得你死我活，然后在山上的丛林里睡了一宿。假如大家还记得那次艰苦卓绝的战斗，请在投票的时候，也不要忘记那历经艰辛、风餐露宿而屡建战功的人。"人们对他的话报以热烈的掌声。

轮到约翰·爱伦演讲了，他说："同胞们，陶克将军说的确是事实，在那次战争中他确实立下奇功。我当时是他手下的一名士兵，替他在战场上拿生命拼搏。当他在丛林中安睡时，我正手携武器，站在荒野上迎着刺骨的寒风，来保护将军。"

他的话刚说完，选民们给予他更加热烈的掌声。最终，约翰·爱伦脱颖而出，如愿以偿地当选为议员。

一个普通士兵与一个功勋卓著的将军竞选，肯定是处于不利的一方，但约翰·爱伦不但接受了将军的挑战，而且靠自己的坚韧、负责、勇气赢得了选举，得到最终的成功。

渴望成功，渴望与老板的差距越来越小，是多数员工的心声。 如果你也在其列，那么，当你面临一件几乎"不可能完成"的艰难工作时，不要抱着避之唯恐不及的态度，更不要花过多的时间去设想结局有多么的糟，不断重复"根本不能完成"的念头——这等于在预演失败。 相反，你要敢于接受这些工作中的挑战，用行动证明自己是真正的"职场勇士"！让同事和老板都知道，你是一个意志坚定，富有挑战力，办事效率极高的好员工。这样一来，你就无须再顾虑得不到老板的认同了。

完成挑战性的工作，其过程极具创造性，需要调动尽可能多的资源，需要百折不挠的勇气。一名优秀的员工，既要能够忍受枯燥繁重的工作，默默开拓，厚积薄发，又要能够在有朝一日，一鸣惊人，一飞冲天。

第八章

方圆相济,做人做事都要刚刚好

方中有圆，圆中有方

方中有圆，圆中有方，是大自然的规律，也是为人处世的准则。《易经》中说："天行健，君子以自强不息。"又有："地势坤，君子以厚德载物。"在这里，圆，是天体周而复始、运转不息的象征；方，是大地广大旷远、宽厚稳重的象征。

晚清重臣张之洞就是一位善用方圆之道处世的大官员。

张之洞是个非常聪慧的少年，他身形似猿，传说为将军山灵猿转世。1863年，他榜中探花，做过湖北、四川学政，山西巡抚，湖北、两广、两江总督，位居体仁阁大学士，官至军机大臣。在晚清动荡不安的局势下，他提出"中学为体、西学为用"的方略，办实业，造枪炮，勤练兵，为晚清王朝呕心沥血。

张之洞可算是一位性格刚烈、铁骨铮铮的人，然而他办事却能做到左右逢源面面俱到。在他就任山西巡抚时，当时泰裕票号的孔老板表示要送一万两银子给他，张之洞对孔老板的好意婉言谢绝。当他考察了当地的情况之后，发现山西种植罂粟的人很多，于是决心铲除罂粟，让百姓重新种植庄稼。改种庄稼需要贴补农户一笔钱，但山西连年干旱歉收，加上贪官污吏以权谋私，根本拿不出救济款发放给老百姓。这时，张之洞首先想到的就是孔老板。

他想，如果说服孔老板把银子捐出来，为山西的长远发展做善事，以银子换美名，对方或许会同意。经过商谈，孔老板表示愿意捐出五万两银子，但他提出了两个条件：一是让张之洞为他的票号题写一块"天下第一诚信票号"的匾；二是要得到候补道台的官衔。

最初，张之洞觉得孔老板的这两个条件有点强人所难。第一，自己对他的票号一无所知，又怎么能说它是"天下第一诚信票号"呢？第二，他认为捐官是一桩不利于国家发展的坏事。可是不答应孔老板，又到哪里去筹集五万两银子？

经过反复思考，张之洞决定采用另一种方式，答应为孔老板的票号题"天下第一诚信"的匾，但去掉了"票号"二字剩下的六个字有着深刻的含义：天下第一重要的美德就是诚信，如果泰裕票号讲诚信，就是"天下第一"。

至于孔老板的第二个要求，张之洞是这样回答的：第一，捐官的风气源远流长，不足为怪；第二，即使孔老板做了道台也只是个虚名；第三，按朝廷规定，捐四万两银子便可得候补道台。于是，张之洞以这种退让的方式，为山西百姓募来了五万两银子。

张之洞为官颇有谋略，他把王之春从广东调到湖北这件事就做得很成功。张之洞到湖北以后,想大力发展洋务运动,但缺少得力干将。这时,恰好湖北藩司黄彭年去世了,空出了职位。于是,他就想推荐自己的心腹去那里上任。

张之洞觉得现任广东藩司的王之春非常适合这个职位。王之春是张之洞在广东时一手教导出来的,他对张之洞自然是忠心耿耿。但问题又多了一层:要把王之春调来,就得为广东物色一个合适的藩司人选,这样,王之春调来湖北的可能性才大一些。

幕僚提出,不妨推荐湖北臬司成允去广东做藩司。这样能一举两得:一来成允是军机处领班礼亲王世铎的远亲,世铎一定愿意帮助成全他;二来又可把湖北臬司一职腾出,又多了一个帮手。这样在湖北办洋务力量就强大了。

经过一番活动,王之春很快调到湖北,而成允则调去广东做藩司。接着,张之洞又让赋闲在家的陈宝箴当上臬司。这样一来,方方面面都被张之洞安排得很妥帖。

孔子在《论语》里称赞史鱼:"直哉史鱼!邦有道,如矢,邦无道,如矢。"意思是说不管环境如何,无论社会动乱还是安定,他的言行有如利箭,尖锐而正直。 正确理解孔子的话,"直哉"是说一个人做人要正直,不可以圆滑,但为人处世,要讲究方式方法。 说话办事太直来直去,别人无法接受，事情也没办法办成。

　　《易经》中反复强调"天圆地方"，众人为天，天圆就是要圆滑世故；心田为地，地方就是心地正直，要有操守。

言拙意隐，辞尽锋出

道家经典之作《止学》有言："物朴乃存，器工招损。言拙意隐，辞尽锋出。"意思是：事物朴实无华才能得以保存，器具精巧华美，才招致损伤。言辞笨拙，才能把真意掩盖，话语说尽，锋芒就显露了。

这是为人处世能够获得成功的一种智慧。

王陵早年追随汉高祖刘邦东征西讨，勇猛作战。他为人仗义，性格直爽，争强好胜之心从不改变。

王陵的母亲曾被项羽抓到，王陵派人去楚军营中探望，他的母亲就私下对来人说："请转告我儿，不要为我担心，尽量把汉王辅佐好。他样样都好，只是说话无忌，让我放心不下，让他以后慎言，这是我最后的遗言了。"

王陵的母亲留下了嘱托，就自杀了，绝了项羽招降王陵的念头。

刘邦很讨厌雍齿，王陵却因早年和雍齿交好，始终不肯与他绝交。有一次，刘邦把王陵召来，脸色阴沉地对他说："雍齿为人卑鄙，行多不检，许多人都唾弃他。你和他是两类人，我真搞不懂，为何你们能相处呢？"

王陵说："主公不喜欢的人，别人就不能和他来往了？我看不出雍齿有什么错，再说这是我的私事，主公何必干预呢？"

刘邦心中有气，却也不能说他什么，只好挥手让他告退。

王陵亦有怨气，就和好友周勃说了此事，周勃连连叹息说："你不该和主公有话直说。主公向来恨雍齿，人人皆知，你不避嫌和他交往也就罢了，又怎能把心里话说出？这件事对你不利，主公一定会铭记在心的。"

王陵不服，仍道："我忠于主公，从无二心，说几句真话他也会耿耿于怀？大丈夫光明磊落，畏首畏尾，口是心非的事不该去做。"

平定天下之后，论功封赏之时，刘邦不肯给王陵厚封，只封他为安国侯。许多人为王陵请愿，刘邦却正色说："行军打仗，王陵功劳不小，可他别的方面就没有出色的地方了。打江山不仅只靠勇猛这么简单，他还有什么委屈的呢？"

王陵心有怨气，想找刘邦当面对质，他的家人跪地哭劝他说："你的毛病全在嘴上，到了现在你还想惹祸生事吗？只怕你去理论，我们也和你一样被砍头。"

王陵这才作罢。

刘邦死后，惠帝继位，吕后掌握朝廷实权。王陵任右丞相两年之后，惠帝去世。

一日，吕后把王陵、陈平和周勃等人召来，对他们说："天下太平，吕氏家族立下了汗马功劳。我想让吕氏子弟称王，如何？"

陈平、周勃相视无语，王陵却立刻回复说："先皇曾宰杀白马，歃血订盟，说'倘非刘氏而立为王，天下人共击之。'先皇遗训如此,不能改变。吕氏立王之说,便不可行了。"

吕后十分不悦,转而问陈平、周勃的意见,他二人却道:"时势有变,应采取不同的办法。先皇平定天下,分封刘氏子弟为王,理所应当。如今太后临朝执政,吕氏子弟对国家又立下大功,称王自无不可,合当施行。"

吕后笑逐颜开,对他们二人连连称赞。

事后,王陵对他们阿谀奉承、背弃先皇的行为进行指责,陈平答道:"谏阻无益,强辩自不可取。我们当面谏阻不如你,可日后保全国家,安定刘氏后人的,肯定是我们。"

果然,王陵丢了宰相之位,十年后病死,而陈平和周勃却保全下来,成为日后诛杀诸吕的主力,重兴汉室江山。

王陵虽然一心效忠朝廷,做事认真立下大功,可是到头来,偏偏在"直言不讳"上栽跟头。这不仅是他个人的教训,也是我们当今职场之人都应牢记的教训。

言语谨小慎微,不露锋芒,韬光养晦,常常是成大事者智慧的显现。浅薄者信口开河,不仅暴露了他们的肤浅,也让人一眼看穿其心意,其言其行容易让人心生芥蒂。

绵里藏针，柔中带刚

绵，可以在强敌面前进一步取胜；刚，可以显示威慑敌人的力量。"绵里藏针法"的运用，招数因人而异，其效用可以全部适用。

春秋时期的晋灵公奢侈腐化。有一次，他下令兴建一座九层高的楼台，没有得到大家的支持。他十分愤怒，下了一道命令：敢劝阻建九层楼台者斩。这样一来便无人敢再劝。

只有一个叫孙息的大臣很有招数。他告诉晋灵公说，他能把九个棋子并成一叠，上面还能再摆九个鸡蛋。晋灵公听了，觉得这事儿挺新鲜，立即要孙息显露本领，让他看看。孙息也不推辞，就把九个棋子摞在一起，接着又屏住气，小心地把鸡蛋往棋子上摞，放第一个，第二个……

孙息自己紧张得满头大汗，心中打鼓，看的人也不敢喘大气。如果孙息不能把鸡蛋摞好，就犯了欺君大罪，是会被杀头的。

这时，晋灵公也憋不住了，大叫："危险！"孙息却从容不迫地说："这算什么危险，比这危险的事还有呢！"晋灵公也被勾起了好奇："还有什么比这更危险的？"

孙息便掂掂手中的鸡蛋，慢吞吞地说："比之危险百倍的有建九层楼台啊。如此之高台三年都难建成,三年中要征用全国民工,使男不能耕,女不能织,百姓没吃没喝,国家也穷困了。而国家穷困了,外国便会趁机打进来,大王您的王位也就没了。您说,这不比往棋子上摞鸡蛋更危险吗?"

晋灵公吓得出了一身冷汗,立即下令停止修建九层高楼。

孙息让晋灵公看了场不成功的杂耍表演,更做了一次形象生动的教育,那味道确实是又甜又苦。 正在气头上的人,是难以与他正面争辩的,何况他还有无上权威的力量,那更是"老虎屁股——摸不得。"然而,"绵里藏针法"每每在这样的关键时刻,能够很顺利地解决问题。

庄重显力量,幽默显风度。 在论辩中做到庄重且有风趣,可以叫对方无力招架,自叹弗如。 庄重为绵,风趣为针,是为绵里藏针。

赵、魏等国合纵,赵为争夺合纵的领导地位,用百里土地做交易,请求魏国杀死魏相范座。

范座被捕入狱,上书给魏王说:"臣听说赵王要拿方圆百里的土地为代价,请求杀死我。杀死一个无罪的范座,不过是小事一桩;而得到百里的土地,可是很大的利益,臣替大王高兴。话虽然这样说,但有一件事您不得不想,如果百里的土地没能到手,被杀死的人可就不能复生了,而且大王还一定会遭到天下人的耻笑。臣以为,与其用死人同赵国做交易,不如拿活人做交易更好。"

最后,魏王放过了范座。

范座先请求大王赐他一死,然后再剖析这一行为的影响,让大王定夺取舍,并未直接表明自己的观点,可见绵里藏针的手法十分高明。

一般来说,绵里藏针,话里藏话,关键是要委婉含蓄地表达自己,话要说得有艺术,让听话之人心领神会,明白你话中的针对性,并能接受你的意见。

不战而屈人之兵

有"气"才有"力",心志乱了,再强壮的体魄也不堪一击。所以若能迷惑敌人的心志,也就等于从根本上打乱了敌手的阵脚。

唐玄宗靠"政变"上台,当上皇帝后,总有些心中不安,害怕群臣于己不利。

不久,唐玄宗在骊山阅兵式上,处处找事,以军容不整为由,判功臣兵部尚书郭元振死罪。大臣纷纷求情,请皇上看在郭元振屡建功勋的分上,饶他死罪,唐玄宗却执意要杀。最后,郭元振被流放新州。

宰相刘幽求也是大功臣,他一贯和武党抗争,除灭韦党和太平公主,他也立下功劳。唐玄宗因为一件小事降了他的官位,还告之说:"百官之首当为百官作则,故朕对你严格要求,也是正常之举。"

刘幽求十分不满,背后发牢骚说:"皇上现在不念恩义,判若两人,他不应该这样做。我为他出生入死,谁知却落得如此悲惨下场!"

唐玄宗闻知马上又下旨把他贬为睦州刺史,激愤地对群臣说:"天下多乱,朕当严治臣子,此朕之职也。刘幽求以功和朕对抗,口出不逊,这便是大罪。朕若徇情枉法,便会让造反的人有了证据,朕怎会做此蠢事呢?"

后来，功臣王据、魏知古、崔日用也都一一被贬，无人再敢以功求利。群臣整日战战兢兢，玄宗这才收手。

震慑之法不仅在古时是帝王之策，在现代社会也处处受用。让对方心中有所畏惧，有时一句话就可胜过千军万马。

王斌是某村的村长，在村民当中有很高威望，村子里的大小事宜都会找他来帮助解决。有一次，村里有名的"恶媳妇"又开始对自己的婆婆破口大骂，却没人敢帮她婆婆。王斌对此深知，只是没有合适的机会对她进行教育。

这个恶媳妇很嚣张地高声叫骂，骂的内容越来越难听。王斌走了过去，这恶媳妇平时就对王斌很有意见，认为他管闲事，见王斌来了，她的叫骂声更大了。

对于这种人，只能对她用震慑法，因为任何劝说都不会起作用的。于是王斌走过去，说了这样的一句话："我听说你的那个小叔子快从监狱里出来了，这事你知道吗？"

原来，这恶媳妇的小叔子也是村中一霸，办事心狠手辣，不通情理。前几年和人打群架，被关进了监狱。这恶媳妇一听到她的小叔子，立刻把要骂的话收了回去，夹着尾巴回家。从此，她再也不敢对婆婆冷眼相对了。

震慑之法，是从心理上击溃对方的战术。心是一个人的主宰，如果心志刚强，那就很难战胜，如果乱了阵脚，那就不堪一击。

每个人都有自己心理上的"死穴"，总有感情上的柔软之处，抓住其虚弱处轻轻一击，可以达到不战则胜的结果。

顺势而为成大业

古代《兵经百字》上说:"能相地势,能立军势,善之以技,战无不利。"造势可以把自己的江山造就,而顺势才能造势。借力使力,也是顺势的一种,如何才能做到顺势?这也是方圆做人的必修课之一。

凡事"顺天、因时、依人",也就是"天时、地利、人和"的意思,就好比人类的生活作息,必须顺应春夏秋冬四季的更替一样。因为顺势而为才能"水到渠成",水到渠成事情才完美。顺势而为有两种,一种是顺应外力,随波逐流;另一种是运用自己的智慧,选择能使自己和世界变得更好的方法。

其实,未来的时势,并非看不见摸不着的,它和我们的生活息息相关,而我们正置身其中。认清时势就像是"开窍",而开窍有时就像是灵光乍现,有时又像是一不留神走对了路子。而了解时势,便可以让你选择正确。我们都想把自己的目标指向正确的方向,那么,我们就必须知道时势的真实情况。

公元前 203 年,垓下之战失败后,项羽在乌江边停下,乌江亭长泊船而待,劝项羽急渡,然后称王于江东,等待时机东山再起。项羽觉得是天让他亡的,感到无颜见江东父老,于是将战马送给乌江亭长,手持短兵,独自搏杀汉兵数百人，最后自刎而死。结果，楚汉之战刘邦全胜。次年二月，刘邦称帝，建立汉朝，中国重归一统。

战争中失利又兵马损伤严重，固然是一个不小的打击，然而，面对乌江对岸的故乡会稽，面对生的希望，项羽却一意孤行，一意了结性命。殊不知，"星星之火，可以燎原"。

顺应时势的变化而能重新崛起者才是英雄。

当初红军万里长征之后，只剩下三万多人，如果毛泽东也像项羽一样，解散红军回湖南，哪还有百万雄师过大江的景象，哪还有新中国的今天？

所以，只要还有一线希望就不要放弃。失败并不可怕，可以等待时机，顺应时势积蓄力量。只要有恒心，有毅力，认清时势，顺应时势，总会有出人头地的一天。

乾隆皇帝是一位非常有经验的帝王，在清朝的对外贸易中，乾隆皇帝总体上采取保守策略，但在处理具体事务时，却不乏灵活。

乾隆二十四年（1759年）闰六月，乾隆皇帝接江西道御史李兆鹏奏折，倡议生丝严禁出口国外，来调节国内生丝价格。乾隆皇帝将这一问题交给大臣商议，结果同意禁止生丝出口，于是乾隆皇帝允准。这时两广总督李侍尧上报，称一些生丝本已被外商采购，有的已搬运上海船，是否可以出口。乾隆帝闻奏，破例答应。

然而，这个禁令没有使生丝的价格降下来，相反使清朝每年损失了100万两的白银收入。因为清朝每年对外出口生丝，收入都超过百万两。于是，乾隆帝在五年之后，打破禁令，允许生丝出口。

乾隆帝在谕旨中称："禁生丝出口行之日久，而内地丝价仍未见减，而且更贵者有之……徒立出洋之禁，则江浙所产粗丝转不得利，是无益于外洋，而更有损于民计，又何如照旧弛禁，以天下之物，供天下之用，尤为通商便民乎！"

从这道自纠过错的谕旨中，我们不难看出乾隆皇帝顺应时势灵活变通的思想。这也正是他得以统治清朝60余年而不乱的缘故。

时势是多年积累形成的，等它形成时，就如潮水般，沸然莫之能御。成功者，就是能辨析当今时势状况、能顺应时势的人。当你抓住时代的脉动，抓住时势动态发展，再加上因势利导，那么你所做的一切就能顺理成章，水到渠成了。

不争无谓之争

很多时候,我们没必要去跟别人计较长短。

"永远不和人作无谓的争辩",这句话能让你在即将发生争论的场合熄灭战火。仔细想想,即使我们真的辩论胜了,对我们又有什么好处呢? 其实,都是好胜心在作怪。在人际关系中与人为善,善待别人,就是善待自己,与其与人争论,倒不如检讨自己。

杨格博士是一位诗人。有一天,他和几位贵妇人乘坐游艇,观光泰晤士河风光。他吹着长笛,尽量逗那些贵妇开心。这时,游艇后不太远的地方,有一艘船上坐着一些军官。杨格看到那艘船靠近之后,就不再吹笛子了,于是船中的军官就指责他的行为。

"很简单,我把长笛放在口袋里,正如我从口袋里把它拿出的理由一样,都是为了使自己高兴。"博士回答说。

那位军官怒气冲冲地威胁说,要是他不立刻把他的长笛掏出来再吹,就让他好看。博士怕吓着那些贵妇人,就强忍心中怒火吹起来。只要对方的船还在河上,他就只能一个劲儿地吹。

傍晚时分,他看到那个曾经对他粗暴无礼的军官正独自一个人悠闲地走着,便朝那军官走去,对他冷冰冰地说:"今天,我是为了避免引起我的同伴和你的同伴尴尬,才服从你那傲慢的命令。现在为了使你相信我与你勇气相当,明天一早,就在此地,希望你能来,我们决斗。"

第二天早晨,这两个决斗者在约好的时间里来到了指定的地方。军官正准备走向决斗的位置,就在那个时候,诗人用枪对准了他。

"干什么!"军官说,"你想暗杀我吗?"

"当然不是。"杨格说,"不过,你得为我跳一支舞,否则就杀了你。"

诗人显得是如此暴怒,却态度坚决,军官只好屈服了。

当他跳完舞的时候,杨格说:"昨天,你违反了我的意愿,逼着我吹长笛。今天,我违背你的意愿,强迫你跳舞。现在,我们两人的事儿都了结于游乐的方式。"说完,看也不看军官,就走了,军官默然。

上面的事例充分验证了一句箴言:好争好斗的结果往往是两败俱伤,不如采取一种灵活而又使对方心服口服的方式,来使矛盾化解。

在争论中,没有人是胜者。 因为,十之八九,争论的结果都只会使双方比以前更加坚定自己;或者,即使你意识到自己的错误，也绝不会向对手认输。

　　不过，心服与口服没法达到应有的统一，一场毫无必要的争论，会使彼此之间产生隔阂。所以，天底下只有一种能在争论中获胜的方式，那就是停止争论。

不将赌注押在一个人身上

商鞅在秦国实行变法之初，为了赢得民心，便在国都咸阳的南门立了一根三丈长的木杆，声言说，谁能将这根木头搬到北门去，便赏他十金。事小而赏重，大家都感到奇怪，谁也没有干。商鞅又宣布："能搬到北门去的，赏五十金。"重赏出勇夫，有一名中年汉子抱着试试看的态度将木杆搬了过去，就得到了五十金。商鞅以此表明他说话是算数的，接着便颁布了变法的命令。

新法实行一年多，很多人包括太子都不守法，一再犯法。商鞅说："变法的法令之所以不能贯彻执行，是由于上层有人故意反抗。"便想拿太子开刀，刑之以法。但太子要继承王位，是不能施刑的，因此就开罪于他的两个老师，一个被割掉了鼻子，一个在脸上刺了字。当时商鞅甚得秦孝公的宠信，权势极盛，太子无话可说。

商鞅的变法取得了巨大的成功，经过十几年的时间，大大充实了秦国实力，武力得到了极大的增强，由一个小国变成大国。

然而，商鞅正处在仕途得意之时，秦孝公死了，太子继位，是为秦惠文王。他一上台，他的老师便出面告发，说商鞅想要谋反，惠文王下了逮捕令，商鞅逃出京城咸阳，当他来到潼关附近想要投宿，旅店的主人因为不认识他，所以拒绝收留他，说道："根据商君的法令，留宿没有证件的客人是违法的!"

商鞅自作自受,他走投无路,被收捕,车裂于咸阳街头,家人也被灭族。

商鞅虽然长于谋国,但拙于做人,他没有想到,自己不可能一辈子受宠,未来的天下毕竟还是太子的,不能得罪太子。

常言道:"人无远虑,必有近忧。"商鞅作为一个改革家,有远大的政治眼光,他的变法政策,受秦国国君信任,秦国因之而强大。但在如何做人上,他却是个失败者,不懂得给自己留有余地。

吴起是战国时的一位军事家、改革家,受国君的宠信,任命他为相国,主持楚国的变法。他变法的一个主要内容便是"损有余而济不足",把矛头指向有权势的贵族,剥夺他们的田产,废除他们的特权,把他们发配到边远地区。

因此,贵族势力痛恨吴起,只是由于楚悼王的支持,这些人一时还奈何他不得。公元前381年,楚悼王死了,吴起的后台没有了,旧贵族们立即对吴起群起而攻之。吴起无处可逃,情急无奈,扑倒在楚悼王的尸体上,他估计那些旧贵族们一定会住手,如果伤害了国君的尸体,那可是灭族的大罪。可那些疯狂的贵族并不顾虑这些,乱箭齐发,国君的尸体并没有帮吴起的忙。

吴起的变法损害了贵族集团的利益,只要这个集团还存在，他的悲剧命运便是不可避免的。

从处理官场的人际关系来说，吴起的遭遇给后人很大的启示。吴起以为，有了楚悼王这样的最高掌权者的支持，他便可以有恃无恐，大刀阔斧地进行改革，而对其他政治势力的态度可以不闻不问。殊不知，在政治舞台上，在官场上，所有的靠山都不是永久的，连楚悼王这样地位的人，如果你将所有筹码都押在他身上，有朝一日，他两眼一闭，呜呼哀哉了，你如何是好？

就像一个老于棋道的棋手一样，当你走出第一步棋之后，要考虑后面的几步怎么走，走一看二眼观三，这样你才能在任何情况下，始终立于不败之地。